Wer frisch verliebt ist, neigt zu Großzügigkeit. Diesmal ist es ganz bestimmt der Richtige, wer wird da schon an kleinen Fehlern rummäkeln. Dass der Gute solo durch sein verkorkstes Leben taumelt, kann sie nicht erschüttern. Im Gegenteil, beflügelt ihren Ehrgeiz, den Prinzen wachzuküssen. Dank sei dem Himmel, dass bislang keine Frau den tollen Typ entdeckt hat. Sonst wäre dieser Traum von einem Mann ja längst vergeben. Wie etwa das Muttersöhnchen, das vor seiner Mama kuscht, in dem in Wahrheit, so weiß die Verliebte, ein wunderbar zuverlässiger Familienmensch steckt, der potenzielle Vater ihrer Kinder. Oder der cholerische Tyrann, dem die Frau davongelaufen ist: In ihm erkennt sie den echten Mann, voll Kraft und Temperament, der sich durchzusetzen versteht. Und der Feigling, der beim Hauch einer Konfrontation den Schwanz einzieht, ist ein Meister in Sachen Harmonie, an dem man sich ein Beispiel nehmen soll.

Es dauert lange, bis die Frau aus ihrer Illusion erwacht. Bis sie, da ihr Leben zusehends zur Hölle wird, den entzauberten Traumprinz energisch an die Wand klatscht.

*Sandra Schönthal* arbeitete nach dem Dolmetscher-Studium als Reporterin und Kolumnistin bei österreichischen Tageszeitungen und Zeitschriften. Sie lebt als freie Journalistin und Autorin in Wien.

SANDRA SCHÖNTHAL

# Falsche Frösche

Klatsch den Traumprinz
an die Wand!

Deutscher Taschenbuch Verlag

Ausführliche Informationen
über unsere Autoren und Bücher
finden Sie auf unserer Website
www.dtv.de

Originalausgabe 2012
© 2012 Deutscher Taschenbuch Verlag GmbH & Co. KG,
München
www.dtv.de
Das Werk ist urheberrechtlich geschützt.
Sämtliche, auch auszugsweise Verwertungen
bleiben vorbehalten.
Umschlagkonzept: Balk & Brumshagen
Umschlaggestaltung: Lisa Helm
Satz: Stefan Krickl, Bozen
Druck und Bindung: Druckerei C.H. Beck, Nördlingen
Gedruckt auf säurefreiem, chlorfrei gebleichtem Papier
Printed in Germany
ISBN 978-3-423-34687-0

# INHALTSVERZEICHNIS

Vorwort .................................................................. 7

Der Klammeraffe .................................................... 8
Der Paniker ............................................................ 16
Der Egomane ......................................................... 24
Der Hypochonder .................................................. 34
Der Paranoiker ...................................................... 42
Das Muttersöhnchen ............................................. 52
Der Parasit ............................................................. 60
Der Alkoholiker ..................................................... 68
Der Heimwerker .................................................... 76
Der Schlappschwanz ............................................. 88
Der Tyrann ............................................................. 96
Der Hochstapler .................................................... 108
Der Feigling ........................................................... 118
Der Naturbursche .................................................. 126
Der Lügner ............................................................. 136

## VORWORT

Das ist kein Männer-Watschen-Buch. Na gut, vielleicht ein bisschen. Wer aber ernsthaft auf die Schippe genommen wird, sind wir Frauen. Mit unserer halsbrecherischen Kreativität, einen Vollkoffer als Traummann zu besingen. Liebe macht, entgegen dem strapazierten Klischee, nicht blind, sondern sehend: Wir sehen Millionen Qualitäten, die er nicht besitzt.

Sich verlieben ist leicht. Marotten, die Alarm auslösen sollten, als Gütesiegel zu interpretieren, erfordert Phantasie. Kein Problem für eine verliebte Frau. Wo die Freundin, ja jeder Außenstehende, schreien würde: Schatzi, bitte, Hände weg, der spinnt! – ortet sie den Start ins Glück. Und macht sich frohen Mutes auf den Weg. Der sie nach ein paar bravourös gezogenen Kurven ins Totalfiasko führt.

Ich hoffe, dass Sie schmunzeln, lachen, erschrecken, vielleicht sich selbst erkennen und sich erinnern werden, wenn Sie die Geschichten, die himmlisch beginnen und höllisch enden, lesen. Dieser Wunsch richtet sich nicht bloß an Frauen. Liebe Männer, auch ihr seid herzlichst eingeladen, sofern ihr über ein Portiönchen Selbstironie verfügt und tödliche Fehler vermeiden wollt. Weil, kleine Einstiegshilfe, erstens: Die Närrin hier ist immer noch die Frau. Und zweitens: Haben wir nicht alle gelegentlich nicht alle Tassen im Schrank?

Traurig? Frustig? Desillusionierend? Nein. Ganz, ganz im Gegenteil. Pfeifen wir auf den Schmerz und freuen wir uns, dass man mit 30, 40, 50 und, wie ich glaube, fürchte, hoffe, auch mit 70 immer noch und immer wieder so deppert und so glücklich sein kann.

# Der Klammeraffe

*If you wanna leave me –
can I come too?*
Bryan Adams

### FALLE
Er liebt die Zweisamkeit.

### HIMMEL
So viel Interesse hatte noch keiner. Die extreme Form der Anteilnahme an Ihrem Leben ist ganz neu für Sie. Freilich sehen Sie einander meist erst am Abend, schließlich hat jeder seinen Job, seine Termine. Doch bedeuten getrennte Wege noch lange nicht, dass man sie nicht im Geiste gemeinsam gehen würde.

Diese nie gekannte Nähe herzustellen, beherrscht Ihr Liebster meisterlich. Im Unterschied zum Durchschnittsmann begnügt er sich nicht mit einem groben Umriss Ihres Tagesablaufs. Er will immer wissen, wo Sie sind, was Sie gerade tun und wann Sie wo hinzugehen gedenken. Von morgens bis abends, lückenlos, bis ins Klo hinein. Dass er mindestens zehn Mal täglich anruft, erweist sich anfangs als gewöhnungsbedürftig. Doch bald verstehen Sie. Zeitpläne haben die tückische Eigenschaft, kurzfristig abgeändert werden zu müssen. Der Tag, so wie Sie ihn frühmorgens skizziert haben, kann theoretisch auch völlig anders verlaufen. Mittels regelmäßiger telefonischer Nachfrage bleibt er à jour.

Wohlige Geborgenheit macht sich in Ihnen breit. Irgendwie sind Sie jetzt nie alleine. Falls der Erdboden Sie plötzlich verschlucken sollte, gibt es einen, der auf die Minute rekonstruieren kann, wann und wo es passiert sein muss.

Wenn Sie am Abend beruflich eine Veranstaltung besuchen oder mit Ihrer Freundin essen gehen, läutet auf dem Weg zu Ihrem Termin verlässlich das Handy. Wie lange das dauern wird, wüsste er gerne. Rührend. Sie sind noch gar nicht dort und er kann es kaum erwarten, dass Sie wieder weggehen, um ihn zu treffen. Seine Ungeduld tut Ihnen gut, obgleich sie leichte Hektik auslöst. Da die Gedanken permanent zu ihm, dem Wartenden, wandern, können Sie sich auf Konversationen nicht recht einlassen. Wodurch Sie doppelte Schuldgefühle entwickeln: gegenüber dem jeweiligen Gesprächspartner, dem Sie nicht zuhören, und in Richtung Lover, der irgendwo alleine steht und sich nach Ihnen sehnt.

Doch hat er, so stellt sich bald heraus, die Zeit nicht nur mit Warten zugebracht. Als Sie nach äußerst kurz gehaltenem Gesichtsbad von einem Business-Cocktail im Filmstudio am Stadtrand per U-Bahn in die City düsen und, so schnell Ihre High Heels Sie tragen, zur Bar trippeln, in der der Liebste Sie beruhigt in die Arme schließt, erfahren Sie, dass der Bus die schnellere Verbindung gewesen wäre. Zum Beweis deutet er auf seinen auf der Theke liegenden Taschenstadtplan. Gott, wie süß. Statt sich zu amüsieren, mit anderen zu plaudern oder einfach der Musik zu lauschen, studiert er Ihre Route.

Noch verblüffter reagieren Sie, als Sie ihn nach einem Abendessen mit Ihrer Freundin treffen. Nicht weil er fragt, was Sie gespeist haben, das ist normal bei einem dermaßen aufmerksamen Partner. Doch er empört sich, wieso um Himmels willen Sie Penne all' arrabbiata gewählt haben, wo es Miesmuscheln in Weißweinsud gegeben hätte, Ihre Lieblingsspeise, und die Miesmuscheln in diesem Lokal immer freitags frisch geliefert werden. Ihren fragenden Blick pariert er mit verschmitztem Lächeln. Internet! Er hat sich auf der Homepage des Restaurants die aktuelle Speisekarte zu Gemüte geführt.

Endlich begreifen Sie, wie sehr jede Ihrer Abwesenheiten diesem wunderbaren Mann zu schaffen macht. Alle Termine können Sie nicht streichen, doch wissen Sie, wie man ein Dilemma löst. Priorität heißt hier das Zauberwort. Eine Frau, der das Glück widerfahren ist, so hingebungsvoll geliebt zu werden, sollte wissen, was Vorrang hat. Sie reduzieren Ihre beruflichen und privaten Treffen auf das absolute Minimum.

Wie ihn das freut. Angespornt von Ihrer Kompromissbereitschaft, möchte auch er einen Beitrag zu mehr Zweisamkeit leisten. Und holt Sie nun täglich vom Büro ab. Dass Sie drei Mal pro Woche direkt nach der Arbeit ins Fitnesscenter gehen, kann ihn nicht erschüttern. Pünktlich wie die Maurer steht er auf der Straße, der Gute, schultert Ihre Sporttasche und begleitet Sie zum Gym. Der Abschied fällt ihm sichtlich schwer. Ihnen fällt es schwer, präzise anzugeben, wie lange Sie trainieren werden. Sie turnen, duschen und saunieren gern nach Lust und Laune. Ihr Bedarf an Terminen ist durchaus gedeckt, Sie möchten nicht auch noch Ihr Wohlfühlprogramm mit einer Deadline garnieren.

Es dauert keine zwei Wochen, da hat der Liebste Ihrer beider Probleme auf einen Schlag gelöst. Als er Sie an Ihrem nächsten Gym-Tag vom Büro abholt, ist er mit einer nagelneuen Sporttasche bewaffnet. Er sei Ihrem Club beigetreten, verkündet er strahlend.

Toll, sagen Sie und lächeln tapfer. Die Vorstellung, fortan nicht einmal die geliebten Fitnessstunden, in denen

Sie Kraft und Ruhe tanken, alleine verbringen zu können, löst eine spontane Panikattacke aus. Er führt Ihren Schweißausbruch auf die sommerliche Hitze zurück, und so soll es sein. Um nichts in der Welt möchten Sie diesen lieben, guten, anhänglichen Menschen verletzen. Außerdem ist Ihre Panik ohnehin krankhaft. Dass Sie Zeit für sich brauchen, war Ihnen bisher zwar nicht problematisch erschienen, doch jetzt erkennen Sie: Im Grunde Ihres Herzens sind Sie eine asoziale Einzelgängerin. Dankbar wollen Sie die Chance ergreifen, gegen Ihre Störung anzugehen und sich zu einer normalen, gesunden Frau zu entwickeln.

### HÖLLE

Sie fühlen sich in letzter Zeit erschöpft. Obwohl Sie weder mehr arbeiten noch weniger schlafen. Morgens um halb sieben, wenn der Wecker klingelt, verspüren Sie, einst frohe Frühaufsteherin, massive Unlust. Selbst nach Nächten, die Sie alleine und in Ruhe zu Hause in Ihrem Bett auf der Spezial-Relax-Matratze verbracht haben, kommen Sie nicht recht in Schwung. Sie schlagen die Decke zurück, schalten Ihr Handy an und trotten benommen Richtung Kaffeemaschine. In Ihrer linken Hand piepst es vier Mal. Das sind die Nachrichten, die er nachts hinterlassen hat. Alle immer dringend und mit der Bitte um alsbaldigen Rückruf versehen. Der Rückruf, den Sie gleich nach dem Frühstück erledigen wollten, erübrigt sich. Kaum haben Sie den ersten Löffel Müsli in den Mund gesteckt, zerstört die Melodie von »O sole mio« die morgendliche Stille. Wo ist die Zeit, da dieser Klingelton, den Sie einst wonnig für die Anrufe des Liebsten ausgesucht haben, Ihr Herz erwärmte? Mittlerweile verursacht »O sole mio« reflexartige Magenschmerzen.

Untertags müssen Sie aus beruflichen Gründen telefonisch erreichbar sein. An manchen Abenden aber wagen Sie das Experiment, sich stundenweise auszuklinken. Eine lustvolle, jedoch sinnlose Aktion, wie drei Testläufe ergeben. Die paar kurzen Telefonate mit dem Lover hätten summa summarum weniger Zeit in Anspruch genommen als das Abhören seiner gesammelten Nachrichten.

Unter Vorspiegelung eines technischen Gebrechens teilen Sie mit, man könne derzeit leider Gottes keine Nachrichten auf der Mailbox hinterlassen. Sein Angebot, das Gerät zur Reparatur zu bringen, lehnen Sie dankend ab. Kein Problem für diesen Mann. Der sich dank beneidenswerter Flexibilität in kürzester Zeit zum Spezialisten für elendslange SMS entwickelt. So lästig das Lesen dieser Ergüsse auch sein mag, im Vergleich zum Abhören des Geschwafels auf der Mailbox fällt die nervliche Belastung gering aus. Was man von den gemeinsamen Besuchen im Fitnesscenter nicht behaupten kann.

Er weicht Ihnen nicht von der Seite. Logisch, dachten Sie beim ersten Mal. Er muss sich orientieren in dem fremden Club. Doch zeigt die Klette auch nach zwei Monaten keinerlei Eigenständigkeit. Besteigen Sie ein Fahrrad, schwingt er sich aufs Nachbarrad. Gehen Sie in die Sauna, watschelt er mit. Ja, sogar wenn Sie die Toilette aufsuchen, verspürt er zeitgleich massiven Harndrang. Ihre Selbstbeherrschung schwindet. An die Stelle rücksichtsvoller Höflichkeit tritt offensiv schlechte Laune. Die dem einfühlsamen Mann an Ihrer Seite nicht entgeht. Sie sind beruflich überlastet, Sie Arme, weiß er zu diagnostizieren, und sollten etwas leisertreten. Sie möchten nur noch schreien.

Das Fitnesscenter hat als Hort der Ruhe und Entspannung ausgedient. Reumütig reaktivieren Sie die Kontakte zu Ihren Freundinnen und nehmen wieder vermehrt berufliche Abendtermine wahr. Die telefonische Standardfrage – wie lange bleibst du? – mit dem gewohnt beherrschten »Das weiß ich jetzt noch nicht« zu beantworten, fällt zusehends schwerer. Wer will schon in aller Öffentlichkeit ausrasten. Doch kommt bald der Vormittag, da die Nervensäge drei Mal in Folge in eine Sitzung, bei der Sie in Erwartung eines dringenden Kundenanrufs erreichbar sein müssen, hineinklingelt. Beim vierten »O sole mio« heben Sie ab und brüllen übergangslos »Ruhe, hab ich gesagt« in den Hörer. Hüsteln am Konferenztisch. Nach der Besprechung nimmt Ihr Chef Sie zur Seite und legt Ihnen nahe, Urlaub zu machen. Sie brauchen keinen Urlaub, fauchen Sie. Worauf er meint: »Okay, dann sag ich's anders. Wir brauchen Urlaub von dir.«

Weit sind Sie gekommen. Statt einer gesunden, geselligen, partnerschaftstauglichen Frau, zu der Sie mutieren wollten, begrüßt Sie im Spiegel ein nervliches Wrack. Verkniffener Mund, dramatische Zornesfalte, der Blick leicht irre. Die einst geschätzte Mitarbeiterin ist heute ein untragbares Element, das zwangsbeurlaubt wird. Sie buchen ein Zimmer in einer Tiroler Almhütte und brechen am selben Abend zur Wanderwoche auf.

Kaum haben Sie die Stadt verlassen, läutet das Handy. Dass der Quälgeist Ihre überstürzte Abreise nicht versteht, ist einerlei. Dass er Sie wegen beruflicher Verpflichtungen zu seinem tiefen Bedauern nicht begleiten kann, ein unverhoffter Segen. Um das zu erwartende telefonische Bombardement zu unterbinden, teilen Sie Loverboy mit, Ihre Alm befände sich leider Gottes in einem totalen Funkloch.

Nach drei Tagen an frischer Luft und ohne Handy checken Sie gegen Abend Ihre Nachrichten. Zweiunddreißig der siebenunddreißig Anrufe in Abwesenheit gehen auf sein Konto. Mittlerweile entspannt, wagen Sie den Rückruf. Es könnte ja etwas passiert sein. Laut Telefongesellschaft, seine Stimme überschlägt sich vor Freude, liegt die Alm keineswegs in einem Funkloch, man könne nun täglich telefonieren. Bevor Sie einen Ausweg erdacht haben, fragt er nach Ihrer heutigen Wanderung. Sie schildern die Route. Bei der Kapelle, erfahren Sie, hättest du links abbiegen müssen, dann wärst du bei den Wasserfällen vorbeigekommen. Satellit!, tönt es in Ihr fassungsloses Schweigen. Er hat die Wanderwege der Gegend per Google Earth studiert.

Auch Sie begeben sich ins Internet. Am Tag Ihrer Heimkehr suchen Sie nach einem anderen Fitnesscenter, beantragen eine neue Handynummer und freuen sich höllisch darauf, Ihr Leben als asoziale Einzelgängerin wieder aufzunehmen.

# Der Paniker

*Man sollte jedem entsorgten Liebhaber
eine zweite Chance geben –
mit einer anderen Frau.*
Mae West

**FALLE**
Er ist ledig.

**HIMMEL**
Na bitte. Es gibt ihn sehr wohl ungebunden, den Typ intelligenter, humorvoller, liebesfähiger Mann. Mitleid mit den frustrierten Tanten, die uns weismachen wollen, dass ein Mann um die vierzig, der weder mal verheiratet noch je fest liiert war, schlicht und ergreifend gestört ist. Wer mit Geduld und offenen Augen durchs Leben geht, der wird, so wie jetzt Sie, eines Besseren belehrt.

Freilich fällt es ihm anfangs noch schwer, langfristig zu planen. Zum Beispiel einen Tag im Voraus. Wonach ihm morgen der Sinn stehen wird, kann er heute nicht sagen. Das macht es für Sie etwas kompliziert, Zusagen für Einladungen zu geben, Konzertkarten zu bestellen oder ein Abendessen mit Freunden zu organisieren. Ganz zu schweigen von einer gemeinsamen Reise, und sei es bloß ein klitzekleines Wellnesswochenende in der nahen Therme, das man wegen des starken Andrangs wahnwitzigerweise einen Monat vor Urlaubsantritt buchen müsste. Aber es ist okay. Wer so viele Jahre als einsamer Wolf gelebt hat, kann nicht auf Knopfdruck als Teil eines Paares denken. Es wird Ihnen ein Vergnügen sein, ihn auf diesem beglückenden Wege zu begleiten und liebevolle Zeugin seiner Verwandlung zu werden.

Siehe da, es funktioniert. Er möchte immer mehr Zeit mit

Ihnen verbringen. Was allerdings ein hohes Maß an Anpassungsfähigkeit erfordert. Neunzig Prozent der Pläne, die er im Laufe des Tages begeistert für den Abend schmiedet, pflegen sich infolge einer Stimmungsschwankung zu zerschlagen. Weshalb Sie die kurzfristigen Gelegenheiten beim Schopf packen. Er ruft an, will Sie in zehn Minuten im Café treffen, bitte zwanzig, sagen Sie, nein, zwanzig geht nicht, da muss er schon weiter. Sie lassen alles liegen und stehen, dem Geliebten entgegenzurasen.

Er läutet gegen Mitternacht an Ihrer Türe, möchte bei Ihnen schlafen. Benötigt jedoch einen Kamillentee und ein wenig Ansprache, um zur Ruhe zu kommen. Das Gähnen unterdrückend, hängen Sie am Küchentisch, lauschen den Erzählungen und hoffen, dass die Müdigkeit auch ihn bald ereilen möge. Die Sitzung abzubrechen, wäre gefährlich brüsk. Gerade jetzt, da er die Freuden der Zweisamkeit zu entdecken beginnt. Um Himmels willen den Lernprozess nicht stören.

Umso fassungsloser stehen Sie da, als er Ihnen im dritten Monat Ihrer Liebe nach einer Woche extremer Belagerung mitteilt, dass die Beziehung der Basis entbehre und man sich trennen müsse. Die Nachricht kommt per E-Mail. Sie rufen an, stellen ihn zur Rede, verlangen eine Erklärung. Monoton wiederholt er seinen knappen E-Mail-Text. Ein Treffen lehnt er ab.

Sie hören auf zu essen, bewältigen mit Mühe Ihre Arbeit, den Rest der Tage verbringen Sie schluchzend bei Freunden. Tief drinnen spüren, hoffen, beten Sie, dass er zurückkommt.

Zehn Tage später ist er wieder da. Einfach so. Klingelt, tritt ein, umarmt Sie strahlend. Die mit Spannung erwartete Erläuterung seines grotesken Verhaltens bleibt aus. Sie verzeihen ihm, weil Sie nicht anders können. Weil keiner Sie zum Lachen bringt wie er. Weil Sie solche Zärtlichkeit und Leidenschaft nie erlebt haben. Und weil Sie sehen, dass auch seine Liebe zu stark ist, als dass er ohne Sie leben könnte. Es folgt eine wunderbare Zeit. Die Trennung und der Neubeginn haben Sie beide endgültig zusammengeschweißt. Ermutigt von Glück und Harmonie, beschließen Sie, ein wenig System in den Beziehungsalltag zu bringen.

Eines späten Abends, man liegt eng ineinandergekuschelt im Bett, deponieren Sie ganz sachte Ihre Wünsche. Er möge bitte rechtzeitig mitteilen, wenn er bei Ihnen zu übernachten gedenkt, statt Sie spontan aus dem Schlaf zu klingeln. Auch wäre es fein, wenn er die Blitz-Rendezvous im Café zum Zwecke der Koordinierung etwas früher ankündigen könnte, wodurch das Treffen nicht nur in seinen, sondern auch in Ihren Tagesablauf passen würde. Und die Unzuverlässigkeit, ja, das Wort ist Ihnen herausgerutscht, störe Sie besonders. Es sei doch nicht zu viel verlangt, eine vormittags für den Abend getroffene Verabredung einzuhalten.

Bravo. Blitzschnell, als hätte man ihm einen Elektroschock verpasst, stößt er Sie von sich, nimmt, nunmehr auf dem Rücken liegend, eine unnatürlich steife Körperhaltung ein und beginnt zu hyperventilieren. Schlägt die Decke zurück, steht auf, schnappt sich seine Hose und verlässt stampfend das Schlafzimmer. Kurz darauf hören Sie Ihre Wohnungstüre ins Schloss fallen. Eine halbe Stunde später springt das Faxgerät an. Dem Schreiben, in wütend wirrer Schrift verfasst, entnehmen Sie, dass der Vorwurf der Unzuverlässigkeit Ihren Liebsten zutiefst erbost hat. Wenn *ein* Mensch nicht unzuverlässig sei, dann er. Sie verstünden leider nicht, Sie ignorante Egomanin, dass er als Freiberufler nicht so mir nichts, dir nichts private Pläne machen könne. Er brauche jeden Cent und müsse flexibel sein, auf Abruf bereit für den Fall eines kurzfristigen Auftrages.

Zerknirscht gehen Sie in sich. Was Sie als kleine Bindungspanik abtaten, ist in Wahrheit massive Existenzangst. Wie konnten Sie so blind sein. Sie haben leicht ruhig leben, mit Ihrer Festanstellung und Ihrem gesicherten Einkommen, während er nicht weiß, wie er die nächste Miete bezahlen soll. Es dauert drei Tage intensivster Schuldeingeständnisse, bis der Gekränkte Ihnen verzeiht und zum Zeichen der Versöhnung seine nächtlichen Überfälle wieder aufnimmt.

Als er neun Wochen später via E-Mail erneut den Rückzug antritt, nehmen Sie's bereits gelassener. Er kommt zurück, sucht Nähe, trennt sich wieder. Die Phasen werden kürzer. Immer wenn Sie in Selbstmitleid zu verfallen drohen, führen Sie sich vor Augen, dass der Bedauernswerte er ist. Was wiegt ein bisschen Liebeskummer, gemessen an der inneren Zerrissenheit, die diesen Menschen quälen muss. Sie lernen, die emotionalen Wechselbäder als Härtetraining zu begreifen. Als Chance für den verwöhnten Fratz, der Sie noch immer sind, endlich erwachsen zu werden.

### HÖLLE

Sie verändern sich tatsächlich. Leider nicht in Richtung reife, souveräne Frau. Statt des erhofften Gleichmuts ist es Frustration, die in Ihr Leben einzieht. Zwar brechen Sie nicht mehr zusammen, wenn er abtaucht, doch geht es auf Dauer an die Nieren, eine Standby-Frau zu sein. Seine Absenzen stoisch zu erdulden, fällt zusehends schwerer. Die Freude angesichts der Rückkehr schrumpft von Mal zu Mal. Humor und Charme und guten Sex, muss man sich das dermaßen schwer verdienen?

Bei allem Respekt vor den Seelenqualen dieses Mannes, es kotzt Sie an, nichts, aber auch gar nichts Gemeinsames mit Freunden ausmachen zu können. Kein Fest, kein Abendessen, kein Konzert. Weil man nicht weiß, ob der gnädige Herr sich zum Zeitpunkt des vereinbarten Treffens wieder einmal in der Distanzphase befinden wird. So gehen Sie alleine, wie einst in Ihren Singlezeiten, und entschuldigen die Abwesenheit des psychisch Verhinderten mit Arbeit. Obwohl Sie seine Lüge längst durchschauen.

In den neun Monaten dieser beschissenen Beziehung war es kein einziges Mal ein Job, der ihn zur Absage zwang. Leider Gottes, ein bisschen Einkommen könnte nicht schaden. Statt in die Arbeitssuche investiert er alle Energie in die Erkundung seiner schwankenden Stimmungen. Und wenn das Psycho-Barometer im gestörten Oberstübchen signalisiert, dass das geplante Abendprogramm nicht mit seiner momentanen Befindlichkeit harmoniert, springt er beinhart ab. Ihre Freunde zeigen Verständnis und akzeptieren die Unberechenbarkeiten, weil Sie beide, wenn Sie gemeinsam auftreten, so entzückend glücklich und verliebt sind. Ja, Sie lieben ihn, immer noch. Und er, soweit er kann, liebt Sie.

Die widerliche Unzuverlässigkeit in den quasi guten Zeiten macht Ihnen mehr zu schaffen als die Beziehungspausen. Zwar verursacht das Anspringen Ihres Faxgerätes automatisch einen Magenkrampf, doch nachdem Sie den wirren Text zum zehnten, elften, zwölften endgültigen Abschied überflogen haben, überkommt Sie ein Hauch von Erleichterung. Vor Ihnen liegen stressfreie Tage und ungestört durchschlafene Nächte.

Das einjährige Jubiläum Ihrer Beziehung naht. Man befindet sich in einer dermaßen harmonischen Phase, dass Sie es wagen, zur Feier des Tages ein lauschiges Diner à deux zu planen. Er freut sich wie ein Kind und löchert Sie mit Fragen, doch verraten Sie weder das Menü noch das Überraschungspräsent. Sie kochen viergängig, schmücken den weiß gedeckten Tisch mit rosa Rosen und roten Kerzen. Wickeln die dunkelblaue Weste, die ihm in der Auslage so gut gefallen hat, in roséfarbenes Seidenpapier und basteln eine riesengroße rote Schleife. Als Sie eine Viertelstunde vor dem Eintreffen Ihres Geliebten »La Traviata« im CD-Player einlegen, läutet das Telefon. Ein toller Auftrag, er muss sofort mit der Arbeit beginnen, es tue ihm leid, man könne ja ein anderes Mal feiern.

Jetzt endlich haben Sie genug. Hoffen Sie. Doch kocht er Sie aufs Neue ein, mit Engelszungen fleht er um Verzeihung, erkennt und bereut seine Fehler und schafft es zum ersten Mal, seine Liebe in Worte zu fassen. Sie werden weich. Und weil Sie Idiotin immer noch eine Perspektive sehen und Ihr Urlaub, wie er seit Monaten weiß, vor der Türe steht, schlagen Sie vor, ein paar Tage gemeinsam wegzufahren. Leider nein. Nicht dass Sie mit einer Zusage gerechnet hätten, aber die Begründung, die er diesmal liefert, macht den letzten Rest von Zuversicht zunichte.

Das Unterfangen scheitert weder an der Bereitschaftspflicht des in permanenter Existenzangst lebenden Freiberuflers noch am chronischen Geldmangel, sondern daran, dass er einen Monat zu seiner Schwester nach Kalifornien fliegt. Zeitgleich zu Ihrem Urlaub.

Das ist nicht zu verkraften. Keine gottverdammte Einladung schafft er, und Sie haben das auch noch verstanden. Vier Wochen Abwesenheit hingegen sind plötzlich kein Problem. Nicht ein einziges Mal hat er im Restaurant die Rechnung übernommen, und Sie haben selbstverständlich Ihren Teil bezahlt. Einen Transatlantikflug kann er sich locker leisten.

Sie verpflanzen sich an einen See. Zwischen Trauer und Liebe und Angst beginnen Sie, sich seelisch und körperlich wieder aufzumöbeln. Erst hier in der Einsamkeit erkennen Sie, wie ausgelaugt Sie sind. Sie wandern, schwimmen, joggen. Grübeln, weinen, lesen. Den Schmerz zu besiegen, gelingt nicht. Doch als am Tag seiner Rückkehr aus Kalifornien die geliebte Nummer auf Ihrem Handydisplay erscheint, heben Sie nicht mehr ab.

# Der Egomane

*Die Menschen sind veränderlich,
nur einen mag wohl niemand: dich.*
Frank Wedekind

## FALLE
Er schenkt Ihnen sein Vertrauen.

## HIMMEL
Danke. Einen solchen Mann zu treffen, hatten Sie nicht mehr erwartet. Ohne Scheu, vollkommen ungeschminkt, breitet er sein Seelenleben aus. Überrascht und tief beeindruckt ziehen Sie den Hut. Wer besitzt die Stärke, Schwächen so furchtlos zu benennen. Was haben Sie sich an anderen die Zähne ausgebissen im fruchtlosen Bemühen, polierte Fassaden zu durchbrechen. Hier müssen Sie nicht forschen und nicht bohren, er öffnet sich ganz von alleine, diesen Mann hemmt kein Tabu. Er legt sie Ihnen zu Füßen, seine Ängste, seine Zweifel, seine Misserfolge.

Sogar die Wunden, die ihm als Kind geschlagen wurden, lässt er Sie betrachten. Was er über die Kälte seiner Mutter, die Gleichgültigkeit des Vaters erzählt, über das schmerzliche Wissen, im Gegensatz zu den beiden Geschwistern unerwünscht gewesen zu sein, treibt Ihnen Tränen in die Augen. Staunend fragen Sie sich, wie man eine dermaßen verunglückte Kindheit gesund überstehen kann. Statt eines schwer Beschädigten sitzt hier ein offener, ehrlicher, höchst kommunikativer Mann, dessen Essen kalt wird, weil er nicht aufhören kann, sich mitzuteilen.

Wie lebhaft er erzählt, mit Händen und Füßen und glitzernden Augen. Das banalste Erlebnis mutiert zu einem Epos der Gefühle. Wenn er vom Obsteinkauf berichtet, liefert er nicht nur die hierbei aufgetretenen Emotionen mit, er stellt Verbindungen zu Kindheitserlebnissen und den damit zusammenhängenden Empfindungen her, die ihn wiederum an Ereignisse aus späteren Jahren erinnern. Bezaubert hängen Sie an seinen Lippen.

Bald macht er Sie zur Vertrauten seiner Träume. Dass sein größter Wunsch, die Gründung einer heilen Familie, bislang unerfüllt blieb, liegt an den üblen Weibern, die seine Wege kreuzten. Manche haben ihn betrogen, aus unerfindlichen Gründen, wo er ihnen doch nur Gutes tat. Andere musste er verstoßen, als er erkannte, dass sie seinen Ansprüchen nicht genügten. Die Frau fürs Leben war einfach nie dabei.

Auch beruflich wartet er noch auf den Durchbruch. Dank all der Ungerechtigkeiten, die ihn am Aufstieg hinderten, fühlt er sich jetzt kämpferisch und stark genug, so richtig durchzustarten. Er spürt, dass die ganz große Karriere direkt vor der Türe steht. Zumal er ein gigantisches Projekt entwickelt hat, das die Welt verändern könnte. Worüber er freilich Stillschweigen bewahren muss. Die Diebe schlafen nicht. Die Wände haben Ohren. Das weiß er aus bitterer Erfahrung. Denn immer wenn ihm ein lukrativer Auftrag weggeschnappt wurde, lag das nicht an der besseren Qualifikation des Konkurrenten, sondern daran, dass der seine Ideen ausspioniert, als die eigenen verkauft und sämtliche Lorbeeren kassiert hatte.

Die umwerfende Offenheit dieses Mannes öffnet auch Sie. Ermutigt Sie, die Sie zu Vorsicht und Verschlossenheit tendieren, Ihre Zurückhaltung über Bord zu werfen, sich auf das Wagnis Vertrauen einzulassen. Siehe da, Sie werden reich belohnt.

Ihre Geschichte ist noch nicht fertig erzählt, genau genommen eben erst begonnen, schon liefert er die Analyse. Zwei, drei Sätze genügen ihm, um zu verstehen, worum es geht. Sei es ein Konflikt im Job, der Ärger mit der Hausverwaltung oder ein amüsanter Vorfall beim Einkaufen – der Mann braucht keine langwierigen Schilderungen, er erfasst die Essenz im Ansatz. Diese Fähigkeit zeugt nicht nur von hoher Intelligenz und Sensibilität, sondern erweist sich außerdem als effizient. Indem er sofort unterbricht und kommentiert, sparen Sie beide enorm viel Zeit.

Manchmal irritiert der Eindruck, seine Analyse habe wenig bis nichts mit dem zu tun, was Sie hätten erzählen wollen. Aber letzten Endes passt das. Sie selbst denken ohnehin zu linear. Wie erfrischend, dass jemand Ihre starren Strukturen aufbricht und kreativer assoziiert, als Sie es könnten.

Infolge seiner Hellsichtigkeit weiß der Liebste sogar, woran es Ihnen mangelt. Zwar haben Sie ihn nicht gefragt, geschweige denn geklagt, dennoch ortet er die Schwachstellen in Ihrem Leben und unterbreitet entsprechende Rezepte. Sie lieben Ihren Job, sind erfolgreich und zufrieden. Er meint, Sie sollten sich woanders hin entwickeln. Entzückt erahnen Sie, dass Sie zu Höherem geboren sind. Er stellt fest, dass Sie sich falsch ernähren. Sie lachen schallend, denn Sie sind schlank und fit, während sein Hemd über dem Bauch gefährlich spannt. Was Sie mit Ihrem Hang zum großen starken Bärentyp nicht stört, im Gegenteil, nur: Einen Diätexperten stellen Sie sich anders vor. Doch war der Hinweis, wie Sie seinem pikierten Gesichtsausdruck entnehmen, durchaus ernst gemeint. Er hat ja recht. Etwas mehr Obst und Gemüse könnte Ihnen nicht schaden. Auch psychologisch ist er firm. Ihre Fassade widerspricht Ihrem wahren Ich, erfahren Sie. Das ist Ihnen noch nie aufgefallen. Aber wer außer ihm hat sich je die Mühe gemacht, so tief in Ihre Seele zu blicken.

Dass er seine Kommentare stets mit eigenen Erlebnissen verquickt, zahllose Parallelen findet, erfüllt Sie mit zusätzlicher Freude. Zwei Menschen, die so viel gemeinsam haben, passen wunderbar zusammen. Zwar waren Sie nie die Anhängerin vom Topf, der seinen Deckel findet, doch langsam müssen Sie sich eingestehen: Es gibt Wunder. Sie haben den perfekten Partner gefunden.

## HÖLLE

Bald kennen Sie alle wichtigen Ereignisse. Samt den emotionalen Konsequenzen. Sie tragen die Landkarte seiner Seele im Kopf. Dieses Wissen zu erwerben, war dank zahlreicher Wiederholungen nicht schwer. Bisweilen, wenn Sie bereits mehrfach genossene Geschichten an der Einleitung erkannten, wäre Ihnen beinahe ein »Du, das hast du mir schon erzählt« herausgerutscht, doch unterdrückten Sie den herzlosen Impuls. Manches Erlebnis will immer wieder geschildert werden, bis es verkraftet ist. Sensible Menschen verlangen einen sanften Umgang.

Auch Sie sind ein sensibler Mensch. Und fänden es schön, hie und da ähnlich ausschweifend zu Wort zu kommen. Als er den Abend, an dem seine Mutter sich weigerte, die bei einem Fahrradunfall erlittene Schürfwunde am linken Knie sofort zu verbinden, da sie ihr Cocktailkleid nicht mit Blut beschmutzen wollte, und das Kind zwecks

Verarztung an den Vater verwies, das fünfte Mal zum Besten gibt, schalten Sie ab. Wie viel weiß er von Ihnen, wie gut kennt er Ihre Seele?

Dass Sie dazu neigen, Probleme im Alleingang zu lösen, kann man nicht ihm anlasten. Dass er in Hunderten Stunden des Beisammenseins nicht die klitzekleinste Frage nach Ihrer Befindlichkeit gestellt hat, schon eher. Die Erkenntnis stößt Ihnen, derweil der Geliebte fleißig monologisiert, von tief im Magen sauer auf. Pro zehn gemeinsam verbrachten Minuten redet prinzipiell neuneinhalb er. Unter Konversation verstehen Sie etwas anderes.

Die Offenherzigkeit, die er durch sein Vertrauen bei Ihnen angestoßen hatte, erlischt. Nicht weil er versteht und auf Sie eingehen will, unterbricht er Erzählungen im Ansatz, Ihre Anliegen interessieren ihn nicht. Es sind nicht Parallelen, die er findet, sondern Aufhänger für seine eigenen Geschichten. Sie verlieren die Lust, sich mitzuteilen, und verstummen.

Zunächst gewöhnen Sie sich ab, das Gähnen zu unterdrücken. Befreiend, aber sinnlos. Nie im Leben käme dem Sprecher die Idee, Ihre Ermattung könnte mit seinem Palaver zusammenhängen. Während Sie versuchen, das Gequatsche als plätscherndes Hintergrundgeräusch, als Radio, leider ohne Knopf, zu betrachten, hängen Sie Ihren Gedanken nach. Rekapitulieren das Muster Ihrer Treffen und erkennen: Der Mann ist ein Vampir. Gleich wie gequält, deprimiert oder sonstwie schwächelnd er anmarschiert, nach der Sitzung mit Ihnen erfreut er sich bester Laune. Wie ein frisch aufgeladener Akku hüpft er zurück in seinen Tag, während Sie auf allen vieren erschöpft von dannen kriechen.

An die Stelle Ihrer Müdigkeit tritt Wut. Sind Sie eine Therapeutin? Mit Ihrem Partner möchten Sie vielleicht ein bisschen scherzen, lachen, Leben spüren, nicht nonstop gratis coachen. Die Heiterkeit kommt früher, als Sie dachten.

Man sitzt in einem Café, der Liebste hängt entspannt im Sessel und hält einen seiner berühmten Monologe. Nun wagen Sie ein kleines Experiment. Sie zücken Ihr Notizbuch und bringen die To-do-Liste auf den neuesten Stand. Vielleicht geht ihm ein Licht auf. Tatsächlich. Er bedankt sich, dass Sie mitschreiben, das findet er total rührend. Sie lachen schallend, so laut, dass die anderen Gäste die Köpfe wenden, um den Mann zu betrachten, der eine Frau dermaßen trefflich unterhalten kann. Die leicht irritierte Frage nach dem Grund Ihrer Fröhlichkeit, sein Vortrag war doch tristen Inhalts, beantworten Sie mit gespielt ahnungslosem Schulterzucken, worauf der Unbeirrbare den Faden wieder aufnimmt.

Während Ego-Referate Sie bloß anöden, empfinden Sie das Bombardement mit ungebetenen Empfehlungen als lästig, schließlich beleidigend. Sie finden sich und Ihr Leben im Großen und Ganzen gelungen, was man von seinem nicht behaupten kann.

Sie haben einen bestens dotierten PR-Job, der begnadete Grafiker hangelt sich von einem mickrigen Projektauftrag zum anderen. Beruf Genie, gescheitert am Neid der Konkurrenten. Mit der Loser-Masche kommt man nicht nach oben. Bezahlt wird nach Leistung, nicht nach Mitleid. Aber demnächst wird er ja mit seinem Geheimprojekt die Welt retten. Viel Erfolg.

Sie verstehen sich ausgezeichnet mit Ihren Eltern, er ist mit der ganzen Familie zerstritten. Und das, begreifen

Sie mittlerweile, liegt weder an der fürchterlichen Mutter noch am grausamen Vater. Vielmehr sind beide, wie Sie bei mehreren Treffen feststellen konnten, recht sympathisch. Auch verfügen weder Schwester noch Bruder, die schließlich dieselbe Erziehung wie Ihr Lover genossen, über den Dachschaden, der ihn auszeichnet. Und das Märchen von den Frauen, die er reihenweise verließ, kostet Sie heute, da Sie ihn kennen, ein müdes Lächeln.

Eines Nachmittags, nach dem Krankenhausbesuch bei Ihrer besten Freundin, sind Sie so verzweifelt, dass Sie alle Enttäuschung über Bord werfen und sich sofort mit ihm verabreden. Wer soll trösten, wenn nicht er. Sie eilen ins Café, gottlob, er ist schon da. Unter Tränen erzählen Sie, dass Ihre einstige Schulkollegin mit vierzig Jahren nach einem schweren Autounfall gelähmt im Rollstuhl sitzt. Eine Minute, weiter kommen Sie nicht, da unterbricht er, um zu medizinischen Erläuterungen anzuheben. Ihnen bleibt die Luft weg. Sie brauchen keinen Kommentar, keinen Rat, keine Belehrung. Sie wollten nur erzählen, wie Ihre Freundin war, so schön und stark und wild, und dass sie wahrscheinlich nie wieder normal gehen kann.

Während er ausführlich von einem zuckerkranken Freund berichtet, schalten Sie völlig ab. Als fiele bei einem Film der Ton aus. Seine Lippen bewegen sich stumm, der intensive Blick geht ins Leere, die Gestik der Hände ergibt keinen Sinn. Das einst faszinierende Gesicht erscheint verzerrt, die lässigen Kleider schäbig, der ganze Mann so lächerlich. Während der Redner unverdrossen weiterquatscht, kommen Ihnen vergangene Szenen ins Gedächtnis.

Wann immer Sie beide auf der Straße zufällig einen seiner Freunde getroffen hatten, war der in Eile. Ein knappes Hallo und das Versprechen, bald anzurufen, schon war er dahin. Weder rief jemand an noch, so verstehen Sie schlagartig, war irgendwer in Eile. Die anderen kannten ihn und waren nicht gewillt, sich zutexten zu lassen.

Während Sie langsam in die Gegenwart zurückkehren, verstummt, man glaubt es kaum, Ihr Gegenüber. Er habe, klagt er nach kurzer irritierter Pause, den Faden verloren. Sie möchten ihm doch bitte helfen, wo war er stehengeblieben? Erbarmungslos lächeln Sie ihn an. Schon lange ist Ihnen nichts mehr so von Herzen gekommen wie dieses »Ich habe keine Ahnung«. Sie legen drei Euro auf den Tisch, für den Kaffee samt letztem Vortrag, und stehen auf und gehen.

# Der Hypochonder

*Der einzige Arzt, bei dem ich noch nicht war,
ist der Gynäkologe.*
Woody Allen

### FALLE
Er achtet auf Ihre Gesundheit.

### HIMMEL
Kein Halstuch? Keine Weste? Und, oh Gott, die Beine unbestrumpft in Riemchensandaletten! Beschwingt, gebräunt und wunderbar erfrischt von einem Badetag am See, betreten Sie in bunt geblümtem Rock und weißer Wickelbluse den Garten des Restaurants. Der Mann, der Sie zum Rendezvous erwartet, steht auf, umschließt mit beiden Händen innig Ihre und strahlt Sie an: Du siehst phantastisch aus. Doch dann, nach eingehender Musterung Ihres leichtsinnig luftigen Outfits, verfinstert sich sein Blick.

Man sollte besser drinnen sitzen, Sie werden sich verkühlen. Zwar habe er einen windgeschützten Tisch gewählt, der jedoch nichts gegen den im Wetterbericht prognostizierten und nach extrem heißen Tagen besonders tückischen Temperatursturz ausrichten könne. Sie lachen, nehmen Platz, und zusätzlich zur lauen Juli-Abendluft wärmt Sie von innen her die Fürsorge, die Ihr potenzieller Lover bereits beim dritten Treffen zeigt. Derlei Umsicht kennen Sie nur von Ihrer Mutter, und das ist lange her.

Zwei Stunden später – die erwarteten Windböen sind ausgeblieben, doch dürfte die Temperatur auf gefährliche 24 Grad Celsius gesunken sein – legt er Ihnen die flanellgefütterte Wachsjacke, die er für den Fall eines plötzlichen Kälteeinbruchs mitführt, um die Schultern.

Den Kaschmirschal, den er aus der Innentasche zaubert, lehnen Sie dankend ab, worauf er das edle Tuch dezent hüstelnd um seinen Hals schlingt. Seitens der anderen Gäste, allesamt sommerlich leicht bekleidet, kommen amüsierte Blicke. Eine etwas peinliche Situation, die Sie meistern, indem Sie die Jacke trotzig solidarisch extra straff um Ihren Oberkörper zurren. Sollen die blöd schauen. Die sind nur neidisch, weil sie niemanden haben, der sich um sie kümmert.

Bald folgt die erste Nacht. Glücklich ermattet von leidenschaftlicher Liebe, würden Sie sich gerne in seine Arme kuscheln. Leider nein, denn plötzlich sitzt er, den Rücken gegen drei senkrecht drapierte Kissen gestützt, kerzengerade im Bett. Zwerchfellhochstand. Nie gehört. Er erklärt Ihnen die Problematik, und Sie danken Gott, dass Sie persönlich nicht an Zwerchfellhochstand leiden. Wie Sie so neben ihm liegen, registrieren Sie in der nächtlichen Stille ein Surren und ein Summen. Es handelt sich um ein ausgeklügeltes System von Luftbefeuchter, Elektrosmog-Transformer und Ventilator. So stellt Ihr Mann das ganz spezielle Raumklima her, das er benötigt, um seinen chronischen Bronchialkatarrh in Schach zu halten. Sie kichern und klopfen ihm mit dem Zeigefinger an die Stirn, denn vor wenigen Minuten noch schien er recht gesund zu sein. Beleidigte Miene. Er sei sehr krank. Er wolle aber nicht darüber reden. Stattdessen schläft er in Sekundenschnelle wieder ein.

Sie lauschen seinem regelmäßigen Atem und verspüren Durst. Als Sie in die Küche gehen, um ein Glas Wasser zu trinken, und das Licht anknipsen, starren Sie auf eine Apotheke. Pillen, Lutschtabletten, Salben, homöopathische Wässerchen, Vitaminbrausen und drei Hightech-Fieberthermometer bedecken die gesamte Arbeitsfläche. Sie schwanken zwischen Mitleid und Entsetzen und verschlucken sich beim Wassertrinken. Vom Hustenanfall aus dem Schlaf gerissen, eilt er herbei, klappt Sie vornüber, klopft Ihnen kräftig auf den Rücken und verabreicht zum Abschluss der Behandlung einen Schleimhautsaft. Seine rührende Fürsorglichkeit verdrängt Ihr instinktives Unbehagen. Stattdessen überfällt Sie heftiger postkoitaler Heißhunger. Sie möchten sich bitte nach Herzenslust bedienen, der Kühlschrank sei voll, er selbst müsse dringend zurück ins Bett.

Sodbrennen, presst der Arme hervor, bevor er, ein Rülpsen tapfer unterdrückend, in Richtung Schlafzimmer abgeht. Als Sie ihm hinterherblicken, fragen Sie sich, wie ein dermaßen auf seine Gesundheit bedachter Mann zu diesem beachtlichen Übergewicht kommt. Die Muskelpakete, die Sie unter seinen Anzügen zu orten vermeinten, sind, wie Sie heute Nacht ertasten konnten, prinzipiell vorhanden, allerdings von einer Fettschicht flächendeckend überlagert.

Die Antwort gibt der Kühlschrank: Coca-Cola, Himbeersirup, Speck, Salami, Mayonnaise, Käse, Schokoladenpudding. Während Sie ein Speckbrot schmausen, verwerfen Sie die Idee, ihn in Sachen Cholesterin zu warnen. Der Mann macht sich schon Sorgen genug.

Sie gehen zurück ins Schlafzimmer, wo ein zartes Schnarchen Ihnen verkündet, dass Zwerchfellhochstand wie Sodbrennen vorläufig gebannt sein dürften. Die Sorgen, die seine diversen Beschwerden Ihnen bereiten, verwerfen Sie. Liebe ist die beste Medizin. Leise kriechen Sie ins Bett und legen sich neben Ihren unter einer dicken Daunendecke vergrabenen Geliebten. Ein schwerer Seufzer, hoffentlich haben Sie ihn nicht geweckt, doch dann schließt er Sie fest in seine Arme. Alles ist gut. Sie schlafen ein, behütet wie ein Kind.

### HÖLLE

Eines Abends ruft er an, und seine Stimme lässt das Blut in Ihren Adern stocken. Er sei in der Klinik, keucht er kaum hörbar, soeben eingeliefert, ein Unfall, ob Sie bitte kommen könnten. Schon sitzen Sie im Auto, rasen zum genannten Krankenhaus, kommen mit quietschenden Reifen im absoluten Halteverbot zum Stehen und stürzen in den Wartesaal der Unfallambulanz. Hier ist er nicht. Die Menschen, die mit Blut verkrusteten, notdürftig verbundenen Köpfen, Armen und Beinen in ihren Sesseln hängen, wirken so, als harrten sie schon lange aus. Woraus Sie schließen, Lovers Verletzung müsse dermaßen gravierend sein, dass man ihn den anderen Patienten vorgezogen, womöglich gar in den OP verfrachtet habe.

Panisch steuern Sie das Arztzimmer an und hören von drinnen noch die Worte »zwei Tage leichte Schonung, dann wieder normal gehen«, bevor die Tür sich öffnet und der Verunglückte Ihnen entgegenhumpelt. Er hat sich bei der Karambolage mit seiner Badezimmertür die mittlere Zehe des linken Fußes gebrochen.

Wie man es schafft, bei dieser Lappalie per Rettungswagen transportiert zu werden und sich obendrein in einem Wartesaal, randvoll mit ernsthaft lädierten Patienten, vorzudrängen, ist Ihnen ein Rätsel.

Nach der Woche Bettruhe, die der Arzt ihm angeblich strengstens verordnete, gelüstet es Ihren Lover nach frischer Luft. Er wolle langsam ins Leben zurückkehren. Sie entwerfen eine Landpartie und holen ihn von zu Hause ab. Die Freude auf den gemeinsamen Spaziergang stirbt, als sie ihn auf die Straße treten sehen. An Krücken, mit schmerzverzerrtem Gesicht kommt der Leidende zu Ihrem Auto gekrochen, um sich schließlich unter heftigem Gestöhne auf den Beifahrersitz zu hieven. Mit dem ersehnten Mitleid können Sie nicht dienen. Selber schuld, der Fettsack. Bei dem Übergewicht würden Sie auch schnaufen wie ein Nilpferd. Kommentarlos pfeffern Sie die Gehbehelfe auf die Rückbank und starten.

Die Sonne brennt aufs Dach, das Wageninnere mutiert zur Sauna. Nach Verlassen der Stadt kommen Sie auf die wahnwitzige Idee, ein Fenster zu öffnen. Der postwendend einsetzende Hustenanfall klingt, als rasten Sie im Cabrio durch Sibirien. Nach fünf Minuten Zwangsbelüftung schließen Sie das Fenster.

Dass er zwei Tage später das geplante Abendessen in Ihrer Wohnung wegen hohen Fiebers kurzfristig absagen muss, ist also Ihre Schuld. Der Luftzug war fatal. Sie verfrachten sich samt Ihrem Schinkennudelauflauf und leichter Skepsis ans Krankenlager. Als er an seinen Krücken ins Badezimmer schlurft, entdecken Sie beim Aufschütteln der Kissen im Bett das Fieberthermometer: 37,1. Nach dem Essen, das er trotz seiner elenden Verfassung vollständig vertilgen konnte, fragen Sie den Mann, wie hoch sein Fieber sei. Über 39, berichtet er, an der Grenze zur Lebensgefahr. Kein Kommentar, Sie gehen nach Hause.

Ein paar Tage später läutet der Gute an Ihrer Tür, ohne Krücken, und teilt strahlend mit, er sei genesen. Das will gefeiert sein. Gut, man geht essen, und man geht ins Bett.

Nicht ganz. Zum ersten Mal, seit Sie einander kennen, liefert er einen Coitus reservatus. Sie sind verstört. Bluthochdruck, verlautet er, und Verdacht auf Herzschwäche. Der Kardiologe seines Vertrauens habe ihm dringend nahegelegt, die potenziell lebensbedrohlichen Ejakulationen zu unterdrücken. Ihre Anregung, stattdessen das Fressen von panierten Schweineschnitzeln zu unterdrücken, stößt auf taube Ohren.

Was Sie für eine einmalige Spinnerei hielten, entpuppt sich fortan als Dauermuster. Drei Wochen später tun Sie, was Sie nie für möglich gehalten hätten: Sie gönnen sich einen One-Night-Stand. Und wundern sich, wie gut der tut.

Als der Patient am darauffolgenden Nachmittag anruft und mit grenz-komatöser Stimme den Verdacht auf Migräne äußert, sprechen Sie Ihr Beileid aus, empfehlen einen renommierten Facharzt, legen auf und wissen: nie wieder Krankenschwester. Gleich im Anschluss wählen Sie die Nummer Ihres One-Night-Stands und brechen auf zum zweiten Durchgang.

# Der Paranoiker

*Eifersucht, dieser Drache,
der die Liebe
unter dem Vorwand, sie zu leben,
tötet.*
Havelock Ellis

**FALLE**
Er will Sie auf den ersten Blick.

**HIMMEL**
Wow. Ein Mann, der weiß, was er will. Der kommt, sieht und erobert. Dass er von der Sekunde Ihrer Begegnung an sicher war, erfahren Sie erst später. Sanft und behutsam, in Zeitlupe, näherte er sich Ihnen. Er hatte keine Eile. Wie entschlossen er in Wahrheit daran arbeitete, Ihr Herz zu gewinnen, konnten Sie nicht ahnen.

Es war das Ende eines aufreibenden Arbeitstages, als Sie zum Abspannen in Ihre Stammkneipe gingen, sich auf den hintersten Hocker der Bar setzten, wo man bequem an der Holzwand lehnen kann, und bei einem Glas Rotwein die Zeitungen des Tages durchblätterten. Das Lokal war menschenleer, gut so, Sie brauchten Ruhe. Bald hatten Sie das Gefühl, jemand beobachte Sie, blickten von Ihrer Lektüre auf und sahen ihn.

Der Fremde stand am anderen Ende der Theke, blätterte in einem Magazin und gefiel Ihnen sehr. Rote Haare, markantes Profil, knisternd maskuline Ausstrahlung. Just als Sie sich losreißen wollten, drehte er den Kopf in Ihre Richtung und schickte dieses Lächeln, nach dem Sie bald verrückt sein sollten. Sparsam, zynisch, ein wenig schief der Mund. Sie lächelten knapp zurück und wandten sich wieder den Zeitungen zu. Pro forma, die Konzentration war dahin, zumal Sie seinen Blick auf sich ruhen fühlten.

Sie zahlten, standen auf und verließen das Lokal. Nicht ohne ihn im Vorbeigehen, wie Sie hofften unverbindlich, anzugrinsen.

Der nächste Tag ist lang, Sie können den Abend kaum erwarten. Vor Neugierde platzend stürmen Sie zur wortlosen Verabredung. Ob er wohl kommt. Ob er hält, was Optik und Aura versprechen. Die Kneipe ist leer. Geduld, auch gestern ist er später aufgetaucht. Sie beziehen Ihren Stammplatz, greifen nach den Zeitungen und sehen im Augenwinkel die sich nähernde Gestalt. Ob es Sie störe, wenn er neben Ihnen Platz nähme. Nein, keineswegs.

So faszinierend Humor, Intelligenz und Bildung dieses Mannes sind, was Sie in der dreistündigen Unterhaltung am stärksten beeindruckt, ist seine Unaufdringlichkeit. Die grüngrauen Augen, flink und wach und gierig, sprechen deutlich, dennoch wahrt er Distanz. Gerne würden Sie ihm Ihre Telefonnummer geben, doch fragt er nicht. Am Ende des Abends kennt er nur Ihren Vornamen und den Namen der Straße, in der Sie wohnen.

Weshalb sein Anruf tags darauf verblüfft. Hut ab, ein guter Rechercheur. Nun sehen Sie einander täglich. Die von Anfang an vorhandene Vertrautheit wächst rapide. Dass er seit zwei Jahren Single ist, können Sie kaum glauben, ein dermaßen attraktiver Mann zieht Frauen an wie ein Magnet. Er wartet auf die Richtige, erfahren Sie, lässt sich auf Kinkerlitzchen nicht mehr ein. Die Frage nach Ihrem Status beantworten Sie arglos damit, dass Sie eine nette, lockere Affäre haben. Da werden seine Augen schmal, die Kiefermuskulatur arbeitet, er ballt die linke Hand zur Faust. So greifbar die stumme Wut für einige Sekunden war, so schnell ist sie verflogen. Nahtlos kehrt er ins Gespräch zurück. Die Szene, offenbar ein Produkt Ihrer Phantasie, verpufft.

Einige Tage und Nächte später begleitet Ihr Geliebter Sie zur Buchpräsentation einer Freundin. Sie freuen sich, ihm Ihre Welt zu zeigen. Beim Cocktail treffen Sie zahlreiche Bekannte, wandern von Gruppe zu Gruppe, während er an einem abseits gelegenen Stehtisch Position bezieht und das Treiben beobachtet. Sie fühlen sich schön und stark und voller Leben. Wenn Sie vom anderen Ende des Saales seine Augen suchen und er lächelnd das Glas in Ihre Richtung hebt, wissen Sie: So glücklich, so aufgehoben, so sicher waren Sie noch nie.

Zu Ihrer Überraschung fährt er wegen eines frühmorgendlichen Termins alleine in seine Wohnung. Sie schicken eine heftige Liebes-SMS als Gutenachtkuss. Statt einer entsprechend innigen Antwort erhalten Sie die Nachricht, er glaube Ihnen leider kein Wort. Sie rufen an. Mit fremder, harter Stimme eröffnet er, er lege keinen Wert auf Theater, Frauen wie Sie habe er zur Genüge erlebt, sie flatterten widerlich von Mann zu Mann. Während Sie geschockt nach Worten suchen, ersucht er Sie, Distanz zu halten, bis Sie wissen, was Sie wollen, und legt auf.

Bestürzt gehen Sie in sich. Was haben Sie verbrochen. Was hat ihn so erbost. Ist Cocktail-Smalltalk eine Missetat? Wären Sie von Tisch zu Tisch geschwirrt, um Zungenküsse zu verteilen, bitte sehr. Dann, schlagartig, verstehen Sie. Ihre Affäre ist ihm ein Dorn im Auge. Wie konnten Sie so unsensibel sein. Auf die Idee, klare Verhältnisse zu schaffen, hätten Sie von selbst kommen sollen.

Am folgenden Nachmittag suchen Sie den anderen Mann auf und machen Schluss. Um sofort Ihren beleidigten Geliebten anzurufen und sich für den Abend zu verabreden. Anlässlich des großen Liebesbekenntnisses möchten Sie besonders hübsch sein. In fuchsiarotem Rock, enger schwarzer Bluse, schwarzen Stilettos und der Gewissheit, die richtige Entscheidung getroffen zu haben, gehen Sie ihm entgegen. Er sieht die Klarheit in Ihren Augen, nimmt Sie in die Arme, und alles ist gut.

Um den Schmerz aus früheren Beziehungen, der bis heute an ihm nagt, zu mildern, erzählen Sie zum Trost die gesammelten Unerfreulichkeiten Ihrer eigenen Vergangenheit. Die Therapie schlägt an. Konzentriert, gespannt, beinahe gierig lauscht er Ihren Worten.

Seit Beendigung Ihrer Affäre haben Sie jede freie Minute in perfekter Harmonie mit Ihrem geliebten Rotschopf verbracht. Umso befremdeter reagieren Sie, als er sich eines Abends in einer Bar kurz entschuldigt und statt der Toilette einen zehn Meter entfernt stehenden Mann ansteuert. Was er sich einbilde, herrscht er den Perplexen lautstark an, seine Frau anzustarren. Er solle Sie gefälligst in Ruhe lassen oder, besser noch, verschwinden. Während der Fremde angewidert den Kopf schüttelt, kehrt Ihr Geliebter mit höchst zufriedenem Gesichtsausdruck zurück. Der Barkeeper hat die Musik lauter gedreht, wofür Sie ihm im Stillen danken. Sie möchten jetzt nichts hören, und Sie haben nichts zu sagen.

Mit der Zeit gewöhnen Sie sich an einschlägige Auftritte. Solange die Aggressionen nicht Sie treffen, können Sie damit leben. Er ist ein wenig eifersüchtig. Und wer hat keine Schwäche? Ein harmloses Laster, im Grunde sogar süß. Wahrscheinlich liegt die Schuld bei Ihnen. Sie waren, seien Sie ehrlich, immer schon ein ziemlich lockerer Vogel. Das strahlen Sie, trotz Ihres Übertritts zur Monogamie, heute noch aus. Obwohl Sie, endlich angekommen, nicht mehr auszufliegen gedenken. Sie wissen, zu wem Sie gehören. Bald wird er sich Ihrer sicher sein, dann verschwindet die Eifersucht ganz von alleine.

## HÖLLE

Dass Sie den Liebsten in Ihre Vergangenheit eingeweiht haben, erweist sich als fataler Fehler. Im Unterschied zu ihm, der alle Brücken abgebrochen hat, pflegen Sie Kontakte. Auch Ihre Trennungen waren bitter, doch sind die Beziehungen zu den wichtigen Männern Ihres Lebens mit den Jahren zu innigen Freundschaften mutiert. Was er, der Ihre Erzählungen bis ins Detail gespeichert hat, nicht verkraftet.

Jedes Treffen, jedes Telefonat, ja eine harmlose »Wie geht's dir?«-SMS führt zu einem Tobsuchtsanfall. Was Sie von diesem Schwein noch wollen, außer, ja er weiß schon, was Sie wollen. Warum gehen Sie nicht zurück zu ihm. Sofort. Die Türe ist offen. Sobald der Wüterich, dessen Gesicht mittlerweile die Farbe seiner Haare angenommen hat, eine Brüllpause einlegt, erklären Sie in ruhigen Worten, dass diese Männer, auch wenn sie sich, genau wie Sie selbst, damals nicht fein verhielten, keine Schweine sind, in deren Bett Sie springen wollen, sondern wertvolle Freunde, von denen man im Leben nicht so viele hat.

Bald schenkt er auch Ihren platonischen Bekanntschaften sein Misstrauen. In allem, was keine Frau ist, ortet er einen potenziellen Liebhaber. Als er Ihnen ein Verhältnis mit einem deutlich schwulen Arbeitskollegen unterstellt, beginnen Sie am Verstand des Guten zu zweifeln und fragen sich, wie lange es dauert, bis er Ihre Schulfreundin als lesbische Geliebte enttarnt.

Eines Tages spüren Sie eine Grippe herannahen. Wie immer, wenn Sie das Bett hüten müssen, besorgen Sie zuvor Medikamente, Verpflegung und einen bunten Blumenstrauß. Die Vase platzieren sie zwischen Zeitschriften und Büchern auf dem Nachtkästchen, das fördert die Genesung. Sie dumme Kuh. Logisch, dass der Krankenbesuch Ihres Liebsten im Fiasko endet. Er betritt Ihr Schlafzimmer, sieht die Blumen und tobt. Unter Gebrüll zertrampelt er den seinerseits mitgebrachten Rosenstrauß und stürmt von dannen.

Nach dem gelungenen Abgang bedenkt er Sie täglich mit telefonischen Liebeserklärungen, was nichts daran ändert, dass Sie auf weitere Visiten verzichten. Zur Feier der Gesundung ziehen Sie ein Treffen mit Ihrer Freundin vor. Üblicherweise schalten Sie beide im Restaurant die Handys ab. An diesem Abend jedoch möchte sie, deren kleine Tochter von einer neuen Babysitterin beaufsichtigt wird, für den Notfall erreichbar sein. Da Ihr verhaltensauffälliger Geliebter nicht unter Aufsicht steht, lassen auch Sie Ihr Handy an. Im Vergleich zu einem Psychopathen, der irren Blicks das Lokal stürmt, um Sie in flagranti zu ertappen, scheint Telefonterror die bessere Wahl.

Tatsächlich ruft er an. Bei Ihrer Freundin, die den Apparat übergibt. Er sei nicht durchgekommen, hören Sie, Ihr Handy habe offenbar keinen Empfang, weshalb er diese Nummer probiert habe. Er wolle nicht lange stören, nur fragen, wie es Ihnen geht, und einen schönen Abend wünschen. Der miese Kontrolltrick widert Sie an. Dass Sie die Lüge durchschauen, zumal ein Freund fünf Minuten zuvor problemlos durchgekommen ist und Ihr Telefon keinen verpassten Anruf anzeigt, behalten Sie für sich.

So sehr Ihr Unbehagen wächst, so wenig Sie seine kranken Aktionen verstehen, Sie lieben den Mann. Seine Leidenschaft, sein Lächeln, dieses schiefe, die Gier in seinen grünen Augen.

Um ihn von der paranoiden Eifersucht zu heilen, setzen Sie auf vertrauensbildende Maßnahmen. Statt Ihr Handy wie gewohnt in der Hosen- oder Rocktasche zu tragen, platzieren Sie es in Lokalen wie zu Hause gut sichtbar auf einem Tisch. Was er mit einem rätselhaften, vermutlich dankbaren Lächeln registriert. Und sich revanchiert, indem er in Ihrer Abwesenheit eingegangene Textnachrichten löscht. Wer weiß, wie viele. Sie kommen ihm auf die Schliche, als ein Freund fragt, wieso Sie seine SMS nicht beantworten.

Eines Nachmittags, Sie beide haben sich in Ihrer Wohnung auf einen kuscheligen Abend eingestellt, müssen Sie wegen einer kurzfristig anberaumten Besprechung ins Büro. Sie werfen Ihre Bedenken über Bord, Vertrauen hat Vorrang, und lassen den Schnüffler alleine zurück. Der Sie bei Ihrer Heimkehr drei Stunden später mit notdürftig im Zaum gehaltener Wut empfängt. Die Erklärung für Lovers Unmut liefert das Bücherregal, in dem Sie Ihre Fotoalben in neuer Anordnung vorfinden. Ein relativ harmloser Ausgang, angesichts der Wucht an Erinnerungen, die der Zartbesaitete zu verkraften hat. Er hätte die Fotos zerreißen können.

Um die Genesung einzuleiten, organisieren Sie eine Woche Intensivstation. Sie verbringen Ihren Urlaub, sieben Tage und sieben Nächte, nonstop bei ihm. In der Oase von

Liebe, Harmonie und Nähe wagen Sie, das Thema Eifersucht anzusprechen. Zerknirscht gelobt er Besserung. Bekennt, Ihnen Unrecht zu tun, und verspricht, seine grundlosen Attacken zu unterlassen.

Nach erfolgreich verlaufener Therapiewoche kehren Sie alleine in Ihre Wohnung zurück, gratulieren sich zur schlauen Strategie und fallen ermattet ins Bett. Als Sie Ihren Schatz nach neunstündigem Tiefschlaf um zehn Uhr morgens frohen Mutes anrufen, kriecht eisiges Schweigen durch die Leitung. Schließlich hat er sich hinreichend gesammelt, um zu fragen, ob Ihr Liebhaber schon weg sei.

Das Projekt Vertrauen ist hiermit eingestellt. Das Handy wandert zurück in die Hosentasche. Textnachrichten werden gelöscht. Belastendes Material wie Fotos, Briefe, Einladungen kommt unter Verschluss. Treffen mit Freunden männlichen Geschlechts verheimlichen Sie. Verabreden Sie sich mit Freundinnen, geben Sie das Lokal nicht bekannt. Dass der Aggressionspegel des Ausgeschlossenen zusehends steigt, ist egal. Ihre Hauptsorge gilt mittlerweile Ihrem eigenen Verhalten.

An einem Samstagnachmittag im Kino fällt Ihnen siedendheiß ein, dass Sie nach der Reinigung der Toilette die Klobrille hochgeklappt ließen. Das deutet auf Männerbesuch hin. Bei der Heimkehr schießen Sie ins WC, um den Fehler zu korrigieren, bevor der Verrückte das Corpus Delicti entdeckt. Als Sie einen blauen Fleck, den Sie sich bei der Karambolage mit Ihrem Couchtisch auf dem Oberschenkel zugezogen haben, mit Abdeckstift überschminken, fragen Sie sich, wer hier paranoid ist.

Eines Abends, beim Live-Gig in einer Jazzbar, begehen Sie erneut das Verbrechen, von einem Fremden angestarrt zu werden. Zwar hält sich der Geliebte im Lokal zurück, gegen die laute Musik käme das wütendste Organ nicht an, doch zeigt er auf der Straße, was er kann. Es sei kein Wunder, dass die Männer glotzten, bei Ihrem Outfit. Hure, das ist neu. Ihr Huren-Outfit besteht aus dem fuchsiafarbenen Rock mit der schwarzen Bluse und den Stilettos, die Kombination, die Sie an jenem Abend trugen, als Sie sich für ihn entschieden hatten, und die Sie heute aus Sentimentalität anzogen.

Der Irre tobt und Sie, statt ihn wie üblich mit Liebesschwüren zu beschwichtigen, erkalten. Körperlich tritt er Ihnen nicht nahe, doch sehen Sie zum ersten Mal Gewalt in seinen Augen. Sie drehn sich um und gehen. Bald laufen Sie, denn er ist Ihnen auf den Fersen. Haarscharf vor ihm erreichen Sie Ihr Haustor, er blockiert mit seinem Fuß die Türe. Sie rasen zum Aufzug, stolpern, egal, hasten weiter, drücken den Knopf für den dritten Stock, und halleluja, die Schiebetür schließt sich einen Sekundenbruchteil, bevor er mit den Fäusten gegen die Glasscheiben hämmert. Zitternd, sein Keuchen im Treppenhaus kommt näher, stecken Sie den Schlüssel ins Schloss, schlagen die Wohnungstüre zu. Als er nach zwanzig Minuten immer noch Sturm läutet, rufen Sie die Polizei.

# Das Muttersöhnchen

*Mutter arg, Sohn Ärger!*
Manfred Hinrich

## FALLE
Er respektiert die Frauen.

## HIMMEL
Wie schnell die Sonne aufgehen kann. Bei einer Party vor drei Tagen sind Sie dem Mann begegnet, und heute schon erfüllt wohlige Wonne Ihr angefrustetes Herz. Mehr noch als sein galantes Benehmen, seine Komplimente, die sympathisch altmodische Art, Sie zu hofieren, entzückt der wunderbare Charakter, den er so früh schon offenbart.

Seine Mutter, enthüllt der potenzielle Lover bei einem Glas Bordeaux, ist der wichtigste Mensch in seinem Leben. Sie lächeln weich und warm. Leise Pianomusik durchflutet die Bar. Welch liebes, offenes Gesicht, Sie versinken in seinem gutmütigen Blick. Die Rührung, die in Ihren Augen schwimmt, durchflutet langsam Ihren Körper, und tief im Bauch macht sich herrliche Gewissheit breit: Wer seine Mutter liebt und achtet, der wird auch mir nur Gutes tun.

Weil Sie wissen, wie der Hase läuft. Hände weg von Männern, die ihre Mütter schlecht behandeln, womöglich hassen. Was diese Kerle als erfolgreiche Abnabelung, gar Männlichkeit verkaufen, ist in Wahrheit ein betrübliches emotionales Defizit. Hinter der Fassade steckt der Typ Mann, der Frauen im Grunde verachtet. So charmant er sich anfangs noch geben mag, nach erfolgreich absolvierter Eroberungsphase kommt das Ekel zum Vorschein. Egozentrisch, unsensibel, verletzend. Einer aber, der seine

Mutter aufs Podest stellt, bringt der gesamten Spezies Frau Respekt entgegen.

Beschwipst von so viel Liebe, Menschlichkeit und Anstand, ein wenig auch vom Wein, lächeln Sie der gemeinsamen Zukunft entgegen. Sie freuen sich auf die kommende Zeit und können kaum erwarten, die sympathische alte Dame kennenzulernen, Mutter dieses Prachtkerls.

Am ersten Tag, den Sie bei Ihrem neuen Freund verbringen, ruft seine Mutter drei Mal an. Nein, nein, kein Notfall, lächelt er, das sei normal. Während der Gespräche steht er stramm und wippt auf die Zehenspitzen. Wo er warum war, rapportiert der Sohn, und wo er weshalb hinzugehen gedenkt. Berichtet, dass er Wäsche gewaschen, Onkel Hugo zum Geburtstag gratuliert und heute keine Blähungen erlitten hat. Entsprechende Details, so entnehmen Sie seinen Antworten, erfährt er vom anderen Ende der Leitung. Ihnen wird schmerzlich bewusst, dass Sie mit Ihrer Mutter nie eine derart innige Beziehung pflegten.

Da Sie sich mittlerweile endgültig in das Goldstück verliebt haben, erschüttert die Nachricht von Mamas chronisch schlechtem Gesundheitszustand. Unter welcher Krankheit die Arme leidet, ist nicht zu eruieren. Sie sei sehr schwach, seit vielen Jahren, extrem gebrechlich, womöglich moribund. Aber wahnsinnig tapfer. Niemandem möchte sie zur Last fallen, am wenigsten ihrem Sohn.

Bald folgt der große Tag. Sie haben sich qualifiziert, der Mutter Ihres Lovers vorgestellt zu werden. Treffpunkt gediegenes Restaurant. Während er die alte Dame von zu Hause abholt, kommen Sie frühzeitig, wählen einen Tisch mit greisinnengerecht gepolsterter Sitzbank und behalten den Eingang im Auge. Die Frau, die am Arm

Ihres Geliebten das Lokal betritt, ist eine robuste kleine Madame mit pechschwarz gefärbten Haaren und pinkem Lippenstift. Auf dem Weg zum Tisch stellt sie mit lauter Stimme tadelnd fest, dass es nach Küchenfett stinkt. Sie erheben sich zur Begrüßung: Fester Händedruck, stechender Blick, penetrantes Parfüm.

Die Konversation verläuft weitgehend unter Ausschluss Ihrer Person. Die liebe alte Dame, auf die Sie sich freuen, hat etwas Lauerndes. Die wenigen Worte, die sie an Sie richtet, sind von investigativem Charakter und geben Ihnen das Gefühl, sie suche nach dunklen Punkten in Ihrem Leben und Ihrem Wesen, um den Sohn später, unter vier Augen, warnen zu können. Dass sie nach zwanzigminütigem Aufenthalt angesichts einer plötzlichen Schwäche nach Hause gebracht zu werden wünscht, kommt gelegen. Sie betrachten die beiden, wie sie Arm in Arm von dannen ziehen, und verspüren Unbehagen. So sehen alte Ehepaare aus.

Gottlob haben Sie sich die Feindseligkeit nur eingebildet. Denn nächste Woche sind Sie zum traditionellen sonntäglichen Mittagessen, das die potenzielle Schwiegermutter sonst nur mit dem Sohn zu begehen pflegt, eingeladen. Nach einem erstklassigen Schweinsbraten mit Kraut und Knödeln übersiedelt man zum Kaffee in das mit Spitzendeckchen übersäte Wohnzimmer. Unter exakten Anweisungen schleppt Ihr Lover eine Batterie von Fotoalben an. Mama nimmt neben Ihnen auf der Couch Platz. Jetzt wird es richtig lauschig.

Die Hintergründe wechseln, während sich das Motiv Mutti mit Bubi standhaft durch die Alben und die Jahre zieht. Die beiden am Strand, vor einer Pyramide, im Museum. Lachend winken sie aus einer Gondola, kuscheln auf dem Liegestuhl, plantschen im See. Auf manchen Fotos ist, ein wenig abseits, selbst wenn er direkt neben der Frau und dem Jungen steht, ein Mann zu sehen. Sehr groß, sehr attraktiv, sehr dezent. Ach ja, Papa, seufzt sie und schüttelt vorwurfsvoll den Kopf, er ist, Gott hab ihn selig, viel zu früh von uns gegangen.

Während sie blättert, gibt die Mutter Erinnerungen zum Besten. Ihr Söhnchen war ein Musterknabe. Brav und fleißig in der Schule, hilfsbereit und gehorsam daheim. Sogar in der Studentenzeit, wo man sich wegen Alkohol und Drogen besondere Sorgen macht, lieferte der Gute keinen Grund zur Klage. Wenn sie, manchmal doch misstrauisch, man hört und liest ja Schauriges, gegen Mitternacht bei dem Freund, zu dessen Party das Kind geladen war, zwecks Kontrolle anrief, war er immer dort. Und kam auf ihr Ersuchen prompt nach Hause.

Da Sie im Erdboden versinken würden, wenn Ihre Mutter derartige Geschichten verlautbarte, blicken Sie zaghaft in Lovers Richtung. Hoffentlich ist ihm die Situation nicht allzu peinlich. Keineswegs, stolz und zufrieden grinst er vor sich hin.

Sie unterdrücken Ihr instinktives Unbehagen. Vielleicht ist das hier der Normalfall. Man muss nicht wegen schlechten Betragens von der Schule fliegen oder unter dem Vorwand, bei einer Freundin Mathematik zu büffeln, im Kino mit diversen Buben schmusen oder sich bei Partys wild betrinken. Hätten auch Sie auf Ihre Mutter gehört, wäre Ihnen manch grober Unsinn erspart geblieben.

Dieser Zug ist abgefahren. Doch erhalten Sie nun die Chance, nachzuholen, was Sie in kindischer Dauerrebellion verabsäumt haben: die Teilnahme an einem harmonischen Familienleben.

## HÖLLE
Als Mama eines Freitagnachmittags nach telefonischer Ferndiagnose meint, das Kind solle wegen eines Pickels an der linken Schläfe dringend den Hautarzt aufsuchen, und er tatsächlich einen kurzfristigen Termin in der Praxis vereinbart, sind Sie perplex. Zumal Sie einen Kinobesuch geplant hatten und vermuten, dass er den Film samt Pickel überlebt hätte. Doch zieht kein Argument, ferngesteuert führt er Mutters Befehl aus.

Eines schlimmen Morgens kehrt der Geliebte bleichgesichtig von der Toilette zurück und teilt mit, er habe Durchfall. Sie danken für die Information und fragen, nun schon leicht gereizt, ob er Mutti in Kenntnis gesetzt habe. Nein, sagt er gestrengen Blicks, das würde meine Mutter zu sehr belasten.

Wohl hüten Sie sich, ein einziges böses Wort zu verlieren, doch bleibt dem Sohn Ihre Gereiztheit bei jeder Erwähnung der Unantastbaren nicht verborgen. Statt Ihnen zu zürnen, bemitleidet der Edle Sie wegen Ihres kümmerlichen Familiensinns. Ja, mehr noch, er versteht Ihre Eifersucht auf diese enge Beziehung. Sie schlucken den Brocken und halten den Mund. Dass die Alte eine beinharte Tyrannin im Greisinnenkleid ist, kann man nicht dem Sohn anlasten. Tapfer lieben Sie weiter.

Nach einer erquicklichen Nacht in seiner Wohnung liegen Sie beide im Bett, als Sonntagfrüh um zehn Uhr an der Türe geläutet wird. Sekunden später, bevor man hätte aufstehen und öffnen können, steht die Wahnsinnige im

Schlafzimmer. Sie wolle nicht stören, zwitschert sie, sie sei gleich wieder weg. Huscht in die Küche, klappert mit Geschirr. Ach ja, murmelt sie, immer ordnet er alles falsch ein, wie sein Papa, Gott hab ihn selig, der konnte sich auch nie merken, was in welches Regal gehört.

Während Sie nach dieser Invasion, erstarrt im Bett liegend, um Fassung ringen, beschleicht Sie der Verdacht, der Selige sei gar nicht tot. Papa ist nicht gestorben, sondern abgetaucht. Wahrscheinlich hat er sein Ableben fingiert, hinter einem Busch versteckt kichernd dem eigenen Begräbnis beigewohnt, und sitzt heute in Mexiko, in Afrika oder auf einer Karibikinsel und lässt sich die Sonne auf den Bauch scheinen.

Dass Muttis Zweitschlüssel nicht nur dazu dient, einem den Morgen zu versauen, erfahren Sie nach der Rückkehr vom gemeinsamen Liebesurlaub. Leicht war der gewagte Plan nicht durchzusetzen. Bis dato ist Ihr Lover nur alleine oder mit der Mutter im Gepäck auf Reisen gegangen. Mittels einer Mischung aus Engelszungen und Erpressung setzten Sie sich durch, und nach einem letzten Anruf Sekunden vor dem Boarding saß man schließlich Seite an Seite im Flugzeug nach Teneriffa.

Als Sie beide nach einer harmonischen Woche gebräunt, erholt und bester Laune Lovers Wohnung betreten, glauben Sie, sich in der Tür geirrt zu haben. Das Bett steht an einer anderen Stelle, Couch, Tisch und Sessel sind verschoben, die Bilder an den Wänden neu. Ihren fragenden Blick beantwortet er mit seligem Lächeln. Ja, das macht sie immer, die Liebe. Um ihm nach einem Urlaub die Heimkehr zu versüßen, gestaltet sie die Wohnung um.

Auf die Teilnahme am nächsten sonntäglichen Mittagessen verzichten Sie. Sollen die ihren öden Schweinsbraten alleine fressen. Ihre Disziplin ist erschöpft, Sie sind nicht länger gewillt, sich kranke Musterknabengeschichten anzuhören, zum zwanzigsten Mal Interesse an Mutter-Kind-Fotos zu heucheln und den selbst gemachten, staubtrockenen Mohnkuchen zu loben. Klar ist der selbst gemacht, so etwas Scheußliches findet man in keiner Konditorei.

Nach dem Besuch ruft er an, er muss Sie sofort sehen, es gibt wichtige Neuigkeiten. Als Sie den Garten des Lokals betreten, sitzt er schon da. Hochrotes Gesicht, verkrampfte Körperhaltung, stotternd weiß er nicht, wie er beginnen soll. Schließlich fasst er sich und präsentiert die Sensation. Seine Mutter meint, es sei an der Zeit zu heiraten. Ihm würde die Ehe gut tun, und sie wünscht sich Enkelkinder. Nach einer dramatischen Pause enthüllt er den absoluten Knüller: Sie beide können eine Wohnung in Muttis Haus beziehen.

Während er, der Ihren starren Gesichtsausdruck als freudige Ohnmacht interpretiert, Ihre Hände ergreift, um Sie zu beruhigen, toben in Ihnen panische Gedanken. Sie wollen nicht heiraten, schon gar nicht ihn. Sie wollen keine Kinder, jedenfalls nicht von ihm. Die Vorstellung, Tür an Tür mit der Schreckschraube zu leben, ist so grauenhaft, dass Sie beinahe hysterisch lachen. Da können Sie sich gleich in der geschlossenen Anstalt einquartieren.

Fieberhaft überlegen Sie, wie Sie aus dieser Nummer aussteigen, ohne ihn fürchterlich zu verletzen. Das Monster in dem Spiel ist seine Mutter, er das Opfer, er hat Brutalität nicht verdient. Statt des erwarteten Luftsprunges sieht er Wasser in Ihre Augen schießen. Was er für Rührung hält, sind Ihre ersten Abschiedstränen.

# Der Parasit

*Wirst du irgendwo gut aufgenommen,
musst du nicht gleich wieder kommen.*
Deutsches Sprichwort

### FALLE
Er fühlt sich wohl bei Ihnen.

### HIMMEL
Erfrischend, dieser Mann, so wahnsinnig spontan. Sie selbst melden sich immer an, bevor Sie jemanden besuchen. Auch Ihre Freunde erkundigen sich telefonisch, ob es passt, dass man vorbeikommt, und wann der beste Zeitpunkt wäre. Er aber, er ist einfach da. Läutet Sturm, ruft ein fröhliches »Ich bin's!« in die Gegensprechanlage, und schon steht er im Vorzimmer. Das bringt ganz neuen Schwung in Ihren durchgestylten Tag. Und hilft, eine Eigenschaft zu entwickeln, die Ihnen ohnehin schmerzlich fehlt: Flexibilität.

Früher, bevor Sie sich in diesen herrlich unkonventionellen Mann verliebten, spulten Sie Ihr starres Ritual ab. Wenn Sie nachmittags von der Arbeit nach Hause kamen, lüfteten Sie die Wohnung, verstauten Einkäufe, gossen die Zimmerpflanzen, warfen Waschmaschine oder Geschirrspüler an und lasen Ihre E-Mails. Lappalien, die Ihnen wichtig schienen, weil Sie durch das Ordnen Ihrer kleinen Welt zur Ruhe kamen und in die Entspannung glitten. Jetzt, mittendrin, schrillt munter Ihre Glocke, beglückt hüpfen Sie zur Türe, dem Geliebten zu öffnen. Wozu täglich Pflanzen gießen? Der volle Einkaufskorb läuft nicht davon. Ein Häufchen Schmutzwäsche hier, ein paar klebrige Teller und Gläser dort, das hat sogar einen gewissen Charme. Und E-Mails können ohnehin warten.

Ich bleibe nur ganz kurz, sagt er, und Sie, schon voll flexibel, atmen ruhig durch und denken sich: Okay, dann erledige ich alles später, wenn ich wieder alleine bin. Sie kochen Kaffee, so viel Zeit muss sein, es folgt ein entspannter Plausch auf der Couch. Er fühlt sich wohl bei Ihnen. Schließlich tätigt er einen Anruf und verschiebt seinen Abendtermin um eine Stunde. Zwanzig Minuten später, er hängt bereits behaglich in den Kissen, greift er erneut zum Telefon und sagt gänzlich ab. Ach, schön. Der Abend und die Nacht gehören Ihnen beiden.

Die erste spontane Einkehr traf Sie unvorbereitet. Weshalb Sie weder Coca-Cola, Darlings Lieblingsgetränk, noch die Zutaten für ein ordentliches Essen lagernd hatten. Längst kein Problem. Mittlerweile bunkern Sie Cola in 1,5-Liter-Flaschen, er trinkt recht fleißig, und sind stets gerüstet, in kurzer Zeit ein leckeres wie üppiges Mahl zuzubereiten, er ist ein guter Esser.

Nach dem Speisen überkommt ihn große Müdigkeit. Er begibt sich auf Ihr Bett, um ein Verdauungsnickerchen einzulegen. Die Schuhe streift er gottlob ab, ansonsten bleibt er vollständig bekleidet. Zwar sind Sie gewohnt, dass man im Anschluss an ein gemeinsames Essen am Tisch verweilt und ein wenig Konversation betreibt, aber bitte. Wenigstens kommen Sie jetzt dazu, nach dem Abservieren des Geschirrs die Pflanzen zu gießen, aufzuräumen und E-Mails zu lesen.

Aus dem Schlafzimmer tönt zu diesem Zeitpunkt friedliches Schnarchen. Das Nickerchen ist nahtlos in die Nachtruhe übergegangen. Jetzt müssen Sie den Guten nur noch ausziehen. Bei aller Lässigkeit, die Sie in jüngster Zeit erwerben konnten – Hunde, Katzen und in

Straßenkleidern steckende Männer kommen Ihnen nicht ins Bett.

Gröberen Stress verursachen die morgendlichen Besuche. Von den eineinhalb Stunden zwischen Wecker und Abmarsch brauchen Sie jede Minute: Frühstück, Zeitungen, Gymnastik, duschen, schminken, den Arbeitstag im Kopf durchgehen, Handtasche packen und ab zur U-Bahn. Ihr Liebling ist Frühaufsteher und gewöhnt sich an, im Zuge seines Morgenspaziergangs einen Zwischenstopp bei Ihnen einzulegen. Sie freuen sich natürlich, ihn zu sehen. Allerdings geraten Sie durch die Unterbrechung Ihres gewohnten Programms arg ins Schleudern. Egal. Die Zeitungen können Sie genauso gut im Büro lesen. Jeden Tag Gymnastik ist übertrieben. Ihren Arbeitstag denken Sie in der U-Bahn durch. Und schon geht sich alles locker aus.

Dass er Ihnen ins Badezimmer folgt, wo er mit einer Tasse Kaffee, den Sie rasch gekocht haben – Sie selbst trinken morgens Tee –, auf dem zarten Seidenhocker Platz nimmt und Ihnen beim Duschen, Schminken und Frisieren zusieht, irritiert Sie anfangs. Wahrscheinlich haben Sie eine Störung, zu lange alleine gelebt, zu egozentrisch. Es ist allerhöchste Zeit, Intimität zu lernen. Seien Sie froh, dass er sich bei Ihnen wie zu Hause fühlt. Irgendwie hat das alles einen Hauch von Ehe.

### HÖLLE
Eine leise Nervosität macht sich in Ihnen breit. Sie fühlen sich gehetzt, selbst wenn Sie nicht in Eile sind. Als ob Sie permanent einer irgendwo verlorenen Stunde hinterherhechelten. Der Stress hört auch in der Nacht nicht auf.

Während Sie früher überwiegend angenehme Träume hatten, verpassen Sie jetzt Züge, vergessen Termine, verlieren Schlüssel.

Der Beginn des Arbeitstages, früher ein ruhiges und systematisches Hineingleiten, hat etwas Überstürztes. Sie vermissen Ihre bewährten Morgenrituale. Und reagieren mit Magenschmerzen auf das Eindringen in Ihr Badezimmer. Sie werden hektisch. Mit der Wimperntusche rutschen Sie aus und benötigen Augentropfen, um das Brennen und die Rötung zu lindern. Die Hochsteckfrisur, die Sie im Schlaf beherrschen, gelingt frühestens beim dritten Anlauf, und dann nur schief. Der Kaffeegeruch im Badezimmer stört. Hier möchten Sie Ihr Duschgel riechen, Ihr Parfum, und sonst bitte nichts. Kurzum, in der Frühe hätten Sie gerne Ihre gottverdammte Ruhe. Doch schaffen Sie es nicht, das zu vermitteln. Ein einziges Mal wagen Sie eine vorsichtige Andeutung, da sieht er so verblüfft und traurig drein, dass Sie sich ohrfeigen möchten für Ihre herzlose Bemerkung.

Bald beginnen auch die abendlichen Spontanbesuche, Ihre Nerven zu strapazieren. Nicht, dass er da ist, stört sie. Eher die permanente Bereitschaft, dieses Gefühl, er könnte jeden Moment läuten. An Wochenenden oder freien Tagen erstreckt sich die Unruhe über Ihren gesamten Tag.

Ihre Konzentration leidet. Beim Lesen schweifen Sie ab. Auch fernsehen ist nicht, was es einmal war. Infotainment und Nachrichten funktionieren, auf Spielfilme jedoch lassen Sie sich nicht mehr richtig ein, weil Sie jeden Moment unterbrochen werden könnten und ungewiss ist, ob Sie das Ende des Krimis oder der Liebestragödie erleben werden. Wenn im Fernsehen eine Glocke läutet, zischen Sie zur Gegensprechanlage. Das Klingeln klang, als käme es von Ihrer Tür.

So gerne Sie kochen – Gerichte, die bei der Zubereitung penetrante Gerüche entwickeln, sind nun tabu. Sonst stinkt die ganze Wohnung nach Essen, da Sie die Küchentüre offen lassen müssen, um eventuelles Läuten nicht zu überhören. Im Gegensatz zur Pfanne, wo das Aroma von Zwiebeln, Knoblauch, Speck durchaus erfreulich ist, kommen derlei Duftnoten in Schlafzimmer und Garderobe eher schlecht. Sie lösen das Problem, indem Sie auf kalte Speisen umsteigen. Um auch während des Duschens auf Standby zu bleiben, drehen Sie das Wasser immer wieder kurz ab und spitzen die Ohren in Richtung Flur.

Das alles missfällt Ihnen. Früher war Ihre Wohnung Ihre Oase, Ihr Nest, Ihre seelische Tankstelle. Jetzt fühlen Sie sich wie in einem Vogelhaus. Sie bitten den Liebsten, kurz anzurufen, bevor er kommt. Das macht er die nächsten beiden Male tatsächlich. Indem er per Handy mitteilt, dass er vor der Tür steht. Am dritten Tag läutet er wieder ohne Vorwarnung Sturm.

Da Ihre Fenster straßenseitig liegen und der Geliebte anhand der Zimmerbeleuchtung feststellen kann, ob Sie zu Hause sind, gewöhnen Sie sich an, das Licht erst eine halbe Stunde nach Ihrer Heimkehr anzuschalten, um ein bisschen Zeit zu gewinnen. Während dieser Gnadenfrist schleichen Sie mit einer Taschenlampe durch die Wohnung und haben langsam das berechtigte Gefühl, verrückt zu werden.

Ja, Sie freuen sich schon noch, ihn zu sehen, ihn zu bewirten und ihn zu verwöhnen, doch in die Freude ist ein Wurm gekrochen. Während Sie Hektoliter Coca-Cola nach Hause schleppen, haben Sie in seiner Wohnung kein einziges Mal Ihr Lieblingsgetränk, naturtrüben Apfelsaft, vorgefunden. Er kredenzt Leitungswasser, weil das besonders gesund ist. Da hat er recht. Nur, warum trinkt er bei Ihnen ausschließlich Coca-Cola, und zwar in rauen Mengen? Sie durchforsten italienische, französische, asiatische Kochbücher nach Speisen, die ihm munden werden. Er revanchiert sich mit Butterbrot. Falls er Brot zu Hause hat. Nicht dass er kochen lernen muss. Aber hier und da ein guter Schinken, ein angenehmer Käse, das wäre nicht zu viel verlangt.

Auch die Sitte, nach einer kurzen Würdigung Ihrer Kochkunst vom Esstisch aufzustehen und sich in voller Montur auf Ihr Bett zu werfen, um Sekunden später zu schnarchen, dass die Wände wackeln, stößt Ihnen zunehmend auf. Was Sie einst als Unverklemmtheit und als Zeichen dafür, wie zu Hause er bei Ihnen ist, interpretierten, ist schlicht und ergreifend schlechtes Benehmen.

Eines Abends gehen Sie mit Freundinnen essen. Sie genießen die Leichtigkeit des Beisammenseins, gepaart mit einem lange vermissten Wohlgefühl. In der Trattoria, die sich pikanterweise in unmittelbarer Nähe von Lovers Wohnung befindet, gibt es keine Türglocke, hier sind Sie sicher, hier kann keiner Sturm nach Ihnen läuten.

Auf dem Heimweg, beschwingt vom Chianti und vom Lachen, ereilt Sie ein Geistesblitz: Sie werden jetzt auch einmal spontan sein. Zwei Gassen weiter, schon stehen Sie vor seinem Haus und läuten. Das »Ja?« aus der Gegensprechanlage klingt äußerst unwirsch. Gut, zu diesem Zeitpunkt weiß er noch nicht, wer Einlass begehrt.

Fröhlich teilen Sie mit, dass Sie ihn besuchen kommen. Das gehe nicht, tönt es aus dem Lautsprecher, er sehe einen spannenden Film und möchte nicht gestört werden. Sie lachen, drücken die Handfläche gegen das Haustor und warten auf das Summen des Türöffners. Stattdessen Schweigen aus der Gegensprechanlage. Die ungläubige Nachfrage, ob es sich um einen Scherz handle, wird verneint. Fassungslos gehen Sie ab.

Während Sie geohrfeigt heimwärts trotten, verwandelt sich der Schock in Wut. Am Haustor hat Ihre zittrige Hand noch Mühe, den Schlüssel ins Schloss zu stecken. Als Sie aber Ihre Wohnungstüre öffnen, ist an die Stelle der Wut ein unbändiges Lustgefühl getreten. Sie drehen alle Lampen auf, Zimmer um Zimmer erstrahlt in Festbeleuchtung. Sie atmen tief und frei. Lächelnd denken Sie an Lovers nächsten Invasionsversuch. Das Arschloch wird läuten, bis ihm der Finger abbricht.

# Der Alkoholiker

*Alles seit je. / Nie was anderes. /
Immer versucht. / Immer gescheitert. /
Einerlei. / Wieder versuchen. /
Wieder scheitern. / Besser scheitern.*
Samuel Beckett

## FALLE
Er feiert das Leben.

## HIMMEL
Wie schön das Leben sein kann, fast hätten Sie's vergessen. Da schickte der Himmel zur rechten Zeit diesen fidelen Mann, mit dem Sie seit zwei Wochen durch die Nächte ziehen. Er hat Ihnen die Augen geöffnet, Ihnen gezeigt, dass unser Alltag voller kleiner Freuden steckt. Man muss nur lernen, sie zu sehen. Und, vor allem, gebührend zu feiern. Ein neues Projekt wird mit Veuve Cliquot begossen, zum Wiedersehen mit alten Freunden gehören Bier und Wodka, und Rioja passt immer, denn mit Rotwein prosten wir dem Leben zu.

Sie fühlen sich wieder wie mit 20. Gott, ist das lange her, dass Sie mit Ihrer Clique bis zum Morgengrauen gelacht, getrunken und getanzt haben. Zwar schaffen Sie es nicht mehr, wie damals nach der Disco, in der Frühe nach Hause zu gehen, heiß-kalt zu duschen und ohne eine Sekunde Schlaf putzmunter zur Arbeit zu marschieren. Aber drei Stunden Nachtruhe genügen. Mehr ist nicht drin, wenn Sie mithalten wollen.

Ihnen ist wohl im Schlepptau Ihres Lovers, seine enorme Geselligkeit, um die Sie ihn insgeheim ein wenig beneiden, fasziniert Sie. Welches Lokal auch immer Sie beide betreten, in jeder Bar, jedem Gasthaus, ja, in der letzten Kaschemme tönt ihm lautes Hallo entgegen. Der Mann hat überall Freunde. Schnell klingen die Gläser, und es dauert mindestens zwei Bier und zwei Wodka, bis er sich loseisen und weiterziehen kann.

Hut ab vor seiner beachtlichen Kondition. Während Sie ab Mitternacht nur Mineralwasser trinken, weil Sie sonst anderntags nicht arbeitsfähig wären, und gegen drei Uhr morgens sachte zum Aufbruch drängen, kennt er kein Ende. Je näher der Sonnenaufgang, desto größer sein Durst. Wenn seine Freunde schlappzumachen drohen, bestellt er Wodka für alle. Runde um Runde. Der Mann ist nicht nur voller Lebenslust, sondern auch von Herzen großzügig.

Dass die Kumpane sich widerstandslos einladen lassen, Nacht für Nacht, ohne je auch nur pro forma das eigene Portemonnaie zu zücken oder, Gott behüte, im Gegenzug vielleicht einmal seine Zeche zu übernehmen, finden Sie befremdlich. Im Grunde geht Sie das nichts an, es ist nicht Ihr Geld, das hier verpulvert wird. Außerdem sind diese Freundschaften viel älter als Ihre Liebesbeziehung. Was wissen Sie schon. Womöglich haben die Jungs Ihrem Lover in einer schweren Zeit geholfen, und er zeigt seine Dankbarkeit. Egal. Es macht ihm sichtlich Freude, anderen Freude zu bereiten, und das ist eine liebenswerte Eigenschaft. Statt die Männer als Schmarotzer zu verurteilen, sollten Sie Ihr Faible für getrennte Rechnungen überdenken und lernen, selbst etwas mehr Großzügigkeit an den Tag zu legen.

Auch von den Entertainerqualitäten Ihres Liebsten würden Sie sich gerne ein Scheibchen abschneiden. Beneidenswert, wie dieser Strahlemann die Menschen unterhalten kann. Ab dem dritten Getränk sprudeln die Anekdoten, die Witze, die Phantasien wie Fontänen aus ihm heraus. Die Freunde brüllen vor Lachen und es dauert nie lange, bis die Leute an den Nachbartischen die Ohren spitzen, um dem begnadeten Alleinunterhalter zu lauschen.

Bevor er den lustigen Pegel erreicht hat, spricht er anders. Ernst, konzentriert und sehr, sehr langsam. Begonnene Sätze bricht er ab, um nach einer Denkpause erneut anzusetzen. Diese stockende Redeweise hat Sie anfangs irritiert und bisweilen ungeduldig werden lassen, doch dann verstanden Sie: Er sucht gewissenhaft nach dem perfekten Wort. Sympathisch und beinahe altmodisch in einer Zeit, da jeder Idiot, der nichts zu sagen hat, im Fernsehen wie in natura hemmungslos und Modephrasen dreschend vor sich hin quatscht.

Weit weniger entzückt reagieren Sie auf die regelmäßig auftretenden Aggressionsschübe. Man blödelt, man lacht, man tanzt, plötzlich hockt er muffig in der Ecke und beginnt, Sie aus heiterem Himmel zu beschimpfen. Sie hätten einen anderen Geliebten, wirft er Ihnen an den Kopf. Würden ihn eines Tages ohnehin verlassen. Was spielen Sie ihm vor, warum verschwinden Sie nicht gleich. Bei der Premiere und den ersten Wiederholungen dieser Szene haben Sie, Hilfe erwartend, Blickkontakt mit seinen Freunden gesucht. Vergebens. Die fidelen Jungs pflegen in ihre Gläser zu stieren und sich taub zu stellen. Sie fühlen sich irritiert, gekränkt und ungerecht behandelt. Ihre Antwort, ob wütend oder liebevoll, prallt an ihm ab. Er ist nicht erreichbar.

Dass Ihr Freund sich am nächsten Tag weder an die Attacke noch an das darauffolgende Gespräch erinnert, macht die verdrießlichen Episoden nicht ungeschehen. Aber seien Sie fair. Ein Mann, der so viel Freude schenkt, darf auch seine dunklen Momente haben. Wer hat die nicht. Er laboriert wohl an alten Wunden, muss Vertrauen lernen. Indessen lernen Sie, die Angriffe nicht ernst zu nehmen, und freuen sich auf die Zeit, da er wissen wird, dass er sich auf Sie verlassen kann.

### HÖLLE

Ihnen wird bewusst, dass Sie Ihren Lover nur unter Alkohol kennen. So lustig die durchfeierten Nächte sein mögen, Sie wollen ihn einmal nüchtern erleben. Und reservieren einen Tisch zum Sonntagsbrunch mit Jazzmusik. Als er Sie am Vormittag zu Hause abholt und zur Begrüßung auf die Wange küsst, registrieren Sie hinter dem minzigen Kaugummigeruch eine deutliche Alkoholfahne. Sie verkneifen sich den Kommentar und schneiden das Thema später, zum Sound der Dixieband, ganz vorsichtig an.

Er reagiert wütend und beleidigt. Er sei kein Alkoholiker, lächerliche Unterstellung, er könne jederzeit aufhören. Gleich morgen, kein Problem. Er wird es Ihnen beweisen. Tatsächlich, in den folgenden drei Wochen sehen Sie ihn Apfelsaft, Mineralwasser, Tomatensaft, Ginger Ale bestellen – inmitten seiner saufenden Freunde. Immun gegen die wiederholte Aufforderung, einen Schnaps, einen einzigen nur, zu trinken, und immun gegen die Sticheleien, als er ablehnt. Die eine Runde, die er ausgibt, beschwichtigt die Burschen nur vorübergehend, denn es folgt keine zweite und keine dritte. Entsprechend giftige Blicke kommen in Ihre Richtung geschossen. Das halten Sie gerne aus, damit können Sie leben.

In der Küche Ihres wackeren Freundes ist die Ecke, wo früher Bier- und Wodkaflaschen der Entsorgung harrten, appetitlich leer. Sie atmen auf. Hysterikerin, die Sie sind, haben Sie Probleme konstruiert, die nicht existieren. Die nächtlichen Schweißausbrüche, gepaart mit leichtem Alkoholgeruch auf der gesamten Körperhaut, werten Sie als Symptome einer erfolgreich verlaufenden Entgiftung.

Eines Nachts, in seiner Wohnung, schrecken Sie aus dem Schlaf und frieren. Ohne ihn zu wecken, stehen Sie vorsichtig auf und tappen leise zum Kleiderschrank, um ein T-Shirt zu holen. Sie öffnen die Tür und starren auf eine Batterie leerer Wodkaflaschen. Ohne T-Shirt, der Schock hat Sie gewärmt, verbringen Sie den Rest der Nacht hellwach grübelnd an der Seite des geliebten Lügners. Sie beschließen, Ihre Entdeckung für sich zu behalten und wie geplant zwei Tage später zum gemeinsamen Urlaub aufzubrechen.

Beim ersten Frühstück im Hotel am See zittert seine Hand dermaßen, dass er den Kaffee aus der ohnehin nur halb vollen Tasse verschüttet. Sie schauen krampfhaft in die andere Richtung. Er legt seine Hand auf Ihre, wartet, bis Sie ihn ansehen, und sagt, er wisse Bescheid. Ihm sei klar, dass Sie die Flaschen entdeckt hätten, und er wolle mit Ihrer Hilfe wirklich probieren aufzuhören.

Nach zwei Tagen heftiger Entzugserscheinungen verschwinden das Schwitzen und das Zittern. Sie beide wandern, schwimmen, reden, und trinken literweise Mineralwasser. Er verändert sich. Die verquollenen Augen schwellen ab, der Blick wird klar. Er riecht so frisch. Er geht aufrechter. Er ringt nicht nach Worten, redet flüssig. Kein Hauch von Misstrauen oder Aggression. Er ist ein anderer Mensch.

Erst jetzt, in stundenlangen nüchternen Gesprächen, lernen Sie ihn richtig kennen. Hinter dem zynischen Humor, den Sie durchaus schätzen, entdecken Sie ein Herz aus Gold. Einen Mann, der sich trotz bitterster Erlebnisse seine an Naivität grenzende Gutmütigkeit erhalten hat. Der hilft, ohne Dank zu erwarten. Der vertraut, wo er belogen wurde. Der verzeiht, egal wie sehr man ihn verletzt hat. Die Zeit ist reif, dass endlich einmal ihm geholfen wird.

Gegen Ende des Urlaubs strotzt er vor Optimismus. Er findet das Leben ohne Alkohol so schön, dass er nie wieder trinken will. Mit dem eingesparten Geld kann er endlich seine Wohnung renovieren. Und mit Ihnen ein tolles Wochenende in Rom verbringen oder Paris, wo immer Sie wollen. Auch wird er Bewerbungen schreiben, sein Job ödet ihn an, er will sich beruflich längst verändern, jetzt hat er die Kraft. Ja, es geht ihm gut. Glücklich, erholt und voller Freude auf die gemeinsame Zukunft kehren Sie beide nach Hause zurück.

Die Freude währt nicht lange. Drei Tage nach der Heimkehr säuft er wie gewohnt. Legt auf Ihr Flehen eine abstinente Woche ein. Um nahtlos erneut durchzustarten. Und wieder aufzuhören. Sie erkalten. An die Stelle der Hoffnung, die Sie aus den alkoholfreien Phasen schöpften, und des Mitleids, das Sie bei Rückfällen empfanden, treten Ekel und Verachtung.

Die Fahne, früher liebevoll als Symptom eines kleinen Lasters interpretiert, kotzt Sie an. Schwächling. Dass er nach Worten sucht, zeugt nicht vom Ehrgeiz, präzise zu formulieren, sondern von einer aufgeweichten Birne. Der Mann hat sich so blöd gesoffen, dass ihm die simpelsten Ausdrücke nicht einfallen. Statt in das nächste Glas sollte er seine rote Nase zur Abwechslung in ein Buch stecken.

Und wenn er, dank der nötigen Dosis endlich in Schwung, seine Geschichten zum Besten gibt – das wiederholt sich doch alles, langweiliges, banales Gelaber. Die Freunde applaudieren, weil sie gratis saufen. Elendige Schmarotzer. Ein neuer Job, ja sicher. Mit dem aufgedunsenen Gesicht, den zittrigen Händen und der Fahne vom Vortag wird er beim Vorstellungsgespräch einen Bombeneindruck machen. Er kann froh sein, dass er überhaupt einen Job hat und nicht längst gefeuert wurde.

Sein ungläubiger Blick, als Sie ihm sagen, dass Sie nicht mehr können, zerreißt Ihnen das Herz. Sie hören weg, als er zum hundertsten Mal wiederholt, dass er Sie liebt und braucht und dass er es diesmal wirklich schafft. Sie haben ihn auch lieb, diesen herzensguten Menschen. Aber Sie werden nicht dabei sein, wenn er vor die Hunde geht.

# Der Heimwerker

*Wie ich mich fit halte?*
*Ich laufe jeden Tag Amok.*
Hildegard Knef

### FALLE
Er macht Nägel mit Köpfen.

### HIMMEL
Wow. Ein Mann der Tat. Dass das mittlere Fach Ihres Küchenregals gefährlich schief hängt, war jedem Besucher aufgefallen. Doch während die anderen Herren sich mit dem Hinweis, Marmeladegläser, Essigflaschen und Tomatendosen könnten demnächst zu Boden donnern, begnügten, bietet er die prompte Reparatur des Missstandes an. Gleich beim nächsten Mal werde er das Holzbrett fachgerecht montieren.

Das hört man gerne. Zur Feier seines ersten Abends in Ihrer Wohnung, ein wenig auch zur Untermauerung des Versprechens, köpfen Sie eine Flasche Schampus. Nach einem herzlichen Prosit auf dem Balkon, hinter der kühlen Aprilluft winkt der Frühling, begehrt er einen Rundgang. Statt Ihren Verdacht, er peile das Bett an, zu erhärten, schreitet er in Zeitlupe von Raum zu Raum. Die aufmerksame Besichtigung schmeichelt. Hier steht ein Mann vom Fach. Der begreift, wie viel Liebe und Mühe Sie in die Einrichtung investiert haben.

Zwei Tage später erscheint er pünktlich um 19 Uhr. Bewaffnet mit einer gewaltigen Werkzeugkiste und einem Plastiksack unbekannten Inhalts. Ein hastiges Küsschen, die Arbeit ruft, schon kniet er vor dem Eckregal. Sie begeben sich zum Herd, um den Guten mit Spaghetti alla puttanesca zu belohnen. Bevor das Wasser siedet, ist das marode Holzbrett abmontiert. Beschwingt beginnen Sie, Tomaten, Knoblauch, Peperoni und Sardellen zu dünsten, legen zwecks Untermalung der wohligen Atmosphäre eine CD mit Italohits aus Ihrer beider Jugendzeit ein. Als Sie Start drücken wollen, setzt er, die Nase an der Wand, zur Analyse an. Die Löcher, erfahren Sie, waren zu groß für die Dübel. Ein Wunder, dass die windige Befestigung so lange hielt.

Zwar würden Sie Gianna, Lucio und Paolo vorziehen, doch gebietet die Höflichkeit, den Erläuterungen des hilfsbereiten Mannes zu lauschen. Und beeindruckt seine Dübel zu beäugen. Groß, stabil, unverwüstlich. Dennoch, angesichts des porösen Mauerwerks müsse man die Wandlöcher vor der Neumontage präparieren. Kein Problem. Lächelnd zeigt er seine Heißklebepistole und taucht wieder in die Bretter ab. Just als Sie Spaghetti ins kochende Wasser gegeben und Ihren Sugo mit Kapern und Oliven vollendet haben, durchzieht ein beißender Geruch die Küche. Statt zu fragen, ob man mit dem Chemiegestank nicht bis nach dem Essen hätte warten können, öffnen Sie das Fenster und deckeln die Pfanne ab. Kein Problem.

Während er Sie informiert, dass der Klebstoff in einer Stunde hinreichend ausgehärtet sei, um Bolzenschrauben in die Dübel zu treiben und das Holzfach zu montieren, zaubert er ein weiteres Maschinchen aus dem Werkzeugkasten. Beim letzten Besuch waren ihm die lockeren Türklinken aufgefallen. Mit dem Akkuschrauber sei das Thema in fünf Minuten erledigt. Tatsächlich. Die Spaghetti knapp al dente, steht er nach erfolgreichem Rundgang in der Küche.

Ihre Befürchtung, er werde Sie mit Heimwerkerweisheiten bombardieren, verpufft beim ersten Bissen. Sie beide reden und blödeln und lachen wie auf der Party vor zwei Wochen, als Sie sich in ihn verliebten. Es ruft das Bett, und ein Brett läuft nicht davon. Die Montage wird auf den Morgen verschoben.

Nach dem Frühstück lüftet er das Geheimnis des Plastiksacks: Blumenerde und Dünger für Ihre kränkelnden Zimmerpflanzen. Super. So lieb Sie Ihren Gummibaum, die Palmen und den Ficus haben, Hege und Pflege liegen Ihnen nicht im Blut. Weshalb Sie die sachkundige Wühlerei in den Terracottatöpfen aufmerksam verfolgen. Um zu erkennen, dass diese Arbeit für maniküre Fingernägel ungeeignet ist.

Bevor Alleskönner aufbricht, fragen Sie zart an, ob er so nett wäre, bei Gelegenheit ein paar weitere Kleinigkeiten zu reparieren. Aber gerne, und, übrigens, seien nicht bloß Kleinigkeiten zu erledigen. Ob Sie die Risse an den Wänden sähen? Hier gehöre dringend ausgemalt. Die Kratzer im Parkettboden? Schleifen und versiegeln, dann sei der wie neu. Sie blicken um sich. Wie betriebsblind man doch wird im Lauf der Jahre. Nicht ganz, Sie erwähnen die zugigen Fenster. Das, erfahren Sie nach kurzer Begutachtung, sei das geringste Problem. Er werde Schaumstoffdichtungen einkleben, da komme kein Lüftchen durch.

Zu dem Werkzeugkasten, der angesichts des Reparaturprojekts im Flur deponiert wurde, gesellen sich eine dreieinhalb Meter hohe Holzleiter, ein Fuchsschwanz, eine Bohrmaschine und ein blauer Arbeitsoverall. Dass der große Vorraum, der zugleich als Esszimmer fungiert, vorübergehend unbenutzbar ist, macht nichts. Im Gegenteil, das Gerätelager beglückt Sie. Hier werkt ein

Mann, hier geht was voran. Freitags erstellen Sie eine Gebrechenliste, Samstagabend, während Sie kochen, arbeitet er die Punkte ab. Der Anblick des Geliebten, sexy cool im Overall, erinnert Sie an die Zeit des Einzugs vor zehn Jahren, als mancher knackige Handwerker eine kleine Phantasie wert war.

Von Dankbarkeit will er nichts hören. Vielmehr füllen die Reparaturarbeiten eine Lücke in seinem Leben. Als Schadenreferent bei einer Versicherung vermisst er, der gelernte Techniker, die Praxis. Das Werken in Ihrer Wohnung verschafft ihm die Befriedigung, die der Schreibtischjob nicht bietet.

Wie zufrieden Sie erst sind. Die quietschende Türe verstummt, das wackelnde Tischchen steht stabil, der schiefe Lüster hängt gerade. Klemmende Laden laufen wie auf Rädern, die Pflanzen sprießen, sogar den Wackelkontakt in der Stehlampe konnte er beheben. Wen stört die kleine Fensterschikane. Dicht, ja. Falls Sie es schaffen, die Flügel zu schließen. Was dank der Schaumstoffdichtungen nur unter Aufbietung Ihrer gesamten Körperkraft gelingt. Kein Problem. Das elastische Material muss sich im Fensterfalz quasi einleben, Sie verstehen, dann schwindet der Widerstand.

Ende Mai, früher wäre sein Heim unpräsentabel gewesen, erfolgt die Einladung in Lovers Wohnung. Die Vorwarnung, es sei noch nicht alles ganz fertig, lässt Sie lächeln. Ein Perfektionist ist nie fertig. Voller Neugierde auf die Altbaumansarde, die er vor zweieinhalb Jahren nach langer Suche fand, läuten Sie an der Türe. Der Anblick hebt Sie aus den Schuhen. Leitern, Sägen, Bohrmaschinen. Ein schmaler Gehweg zwischen Farbkübeln, Pinseln, Spachteln. Den Boden bedecken verdreckte Plastikfolien, an den Wänden hängen Tapetenreste, von der Decke baumeln nackte Glühbirnen.

Beim Kaffee, den man in der Küche auf zwei relativ sauberen Kisten einnimmt, enthüllt er seine Renovierungsphilosophie. Oberstes Gebot: nichts überstürzen! Ein neues Heim will erwohnt, geatmet und bedächtig, Schritt für Schritt, gestaltet sein. Die Frage, welche Schritte hier in zweieinhalb Jahren getan wurden, verkneifen Sie sich. Hauptsache, in Ihrer Wohnung legt er ein flotteres Tempo vor.

So gerne Sie ihm glauben, ein Hauch schlechten Gewissens macht sich breit. Für Sie rackert er, verschönert Ihr Zuhause bei jedem Besuch und lebt selbst auf einer Baustelle. Die Einladung in seine Stammkneipe vertreibt Ihre Bedenken. Während Sie Staub von Rock und Strümpfen klopfen, so sauber war die Kiste nicht, schnappt er eine Tüte mit Kabelbindern. Nach dem Essen möchte er den Drahtsalat unter Ihrem Schreibtisch in Ordnung bringen.

Ach, was sind Sie glücklich. Über den ersten Mann in Ihrem Leben, der, statt Ratschläge abzusondern, Nägel mit Köpfen macht. Sobald er mit der Mansarde fertig ist, werden Sie sich revanchieren, indem Sie ihm bei der Auswahl von Stoffen, Lampen, Teppichen helfen. Wenn Sie auch nicht bohren oder sägen können, für Dekor haben Sie ein Händchen. Schön, wenn man einander perfekt ergänzt.

## HÖLLE

Die Freude auf den Abend, da Sie sich mit Darlings Lieblingsgericht, Tafelspitz an Cremespinat, für die Reparaturarbeiten bedanken und ihn bitten wollen, das Werkzeuglager aufzulösen, stirbt beim Wort »Überraschung!«. Strahlend tritt er ein, in seiner Linken ein staubsaugerähnliches Gerät, rechts eine lange Plastikstange. Im Treppenhaus warten fünf große Säcke. Die Malfarbe, keucht er beim Anschleppen, bringe er morgen.

Nein. Ein Neuanstrich bedeutet Chaos. Und Dreck. Und Schwerarbeit. Bilder abhängen, Möbel verrücken, von Ihren heiklen Vorhängen ganz zu schweigen. Ach wo, alles kein Problem. Bilder, Spiegel und Flatscreen sind in zehn Minuten unten, die paar Schränke und Kommoden schiebt er mit links, die Vorhänge werden zur Fenstermitte gezogen und in Plastikfolie gepackt. Das Streichen geht ruckzuck. Ein Wochenende, und Ihre Wohnung blinkt wie neu.

Das Blubbern des Spinats reißt Sie aus dem Koma. Sie stürzen in die Küche. Zu spät. Die weiße Wand über dem Herd ist grün gepunktet. Obwohl, weiß, Sie sehen sich um, das war einmal. Graugelb trifft's eher. Sie rühren im Spinat und wandern in Gedanken durch die Räume. Mit dem Schlafzimmer-Rosé waren Sie nie ganz glücklich. Das Bad, statt öde beige, käme in Blitzblau gut. Er hat wohl recht. Was wiegt ein Wochenende gegen eine picobello Wohnung.

Am folgenden Freitagmorgen erhält der Meister Schlüssel, da Sie – ehrlich gesagt nicht unbedingt – nach der Arbeit eine Abendveranstaltung besuchen müssen und er mittags starten möchte. Da will man nicht im Wege stehen.

Ihre Heimkehr erfolgt per Bauchlandung. Als Sie sich aufrappeln und schmerzenden Knies nach dem Lichtschalter tasten, durchzuckt ein Stromschlag Ihren linken

Arm. Geschockt nehmen Sie auf dem Boden Platz. Das grausige Kribbeln lässt nach, doch graut Ihnen nun vor dem Anblick. Sie sitzen in einem Meer aus Pinseln, Spachteln und Kübeln. Zwei fremde Leitern grinsen Sie an. In der Ecke liegt eine Garnitur weißer Walzen mit orangeroten Griffen. Hätte er bloß den Scheißstaubsauger oder was das ist, über das Sie gestolpert sind, zur Seite geräumt.

Entschlossen, die Sache abzublasen, stapfen Sie auf dem schmalen, im Sammelsurium verbliebenen Weg Richtung Wohnzimmer. Er sitzt schlafend im Ledersessel. Als Sie Luft holen, um loszubrüllen, erwacht das Goldstück. Springt auf, umarmt Sie und präsentiert voll Stolz sein Tagwerk. Die Bilder sorgsam gestaffelt, Möbel in der Raummitte, die Vorhänge verpackt. Sockelleisten, Steckdosen und Lichtschalterrahmen sind abmontiert. Daher der Stromschlag, danke. Zehn Stunden hat er durchgearbeitet, sämtliche Dübellöcher verspachtelt und den Boden, bitte sehen Sie sich um, mit Plastikplanen komplett abgedeckt, morgen früh kann's losgehen.

Angesichts der professionellen Vorbereitung beruhigen Sie sich. Ihr Feind, der vermeintliche Staubsauger, wird Ihnen als Langhalsschleifer vorgestellt. Ein tolles Gerät, um Decken und Wände vor dem Streichen zu ebnen, danach ist alles glatt wie ein Kinderpopo, die Farbe hält ewig. Normalerweise eine fürchterliche Drecksarbeit, aber, hoho, der an den elektrischen Schleifer angeschlossene Sauger frisst den Staub in der Sekunde, da er entsteht. Direkt von der Wand. Hundert Prozent.

Sonntagabend, Schliff und Grundierung sind vollbracht, wird der Anstrich auf nächstes Wochenende vertagt. Das

Mauerwerk erwies sich als unerwartet durstig, weshalb eine Doppelgrundierung erfolgte und die Trocknungsphase länger ausfällt. Sie nutzen die Woche, um Unerledigtes aufzuarbeiten und Überstunden anzuhäufen. Im Büro fühlen Sie sich wohler als in Ihrem Plastikplanendschungel.

Sieben Tage später hat der Spuk ein Ende. Malfarben, Pinsel und Spachteln werden eingesammelt, Abdeckfolien entsorgt, die Vorhänge drapiert. Hut ab und Halleluja. Verzückt bestaunen Sie das prächtige Ergebnis. Schon beginnt die Erinnerung an das bisschen Dreck und Chaos und Stromschlag zu verblassen. Als Sie nach Abgesang der fälligen Lobeshymne anregen, Bilder aufzuhängen und die Möbel an ihre Plätze zu schieben, orten Sie leichten Widerstand. Was soll das? Verlässt ihn in der Zielgeraden der Elan? Im Gegenteil, er schneidet das Thema Parkettboden an.

Das ramponierte Holz steht in brutalem Kontrast zu den frischen Wänden. So störend die Mängel, schauen Sie sich diese Kratzer, Kerben, die Stumpfheit an, schon vor dem Streichen waren, jetzt wirkt der Boden schäbig. Er schreit nach Schleifen und Versiegeln. Die Räume kann man sich, Variante eins, in Etappen vorknöpfen. Das Schlafzimmer leer räumen, dann, sobald der Lack ausgehärtet ist, Bett, Nachttisch, Kommode sowie die Möbel aus dem angrenzenden Wohnzimmer hinüberschieben. Und so weiter. Eine langwierige Methode, weshalb er für Variante zwei plädiert. Stühle, Bilder, Pflanzentöpfe, alles Kleine plus das zerlegte Bett finden in Küche, Bad und Garderobe Platz, Sperriges wie Esstisch oder Schränke können ins Treppenhaus ausgelagert werden. So, in einem Guss, ginge die Arbeit flott vonstatten. Falls Sie kein

Problem damit haben, vier, maximal fünf Nächte auf einer Matratze in der Küche zu schlafen.

Während er Nägel in die Wände schlägt, überlegen Sie fieberhaft, ob man anschließend Bilder aufhängen und Möbel rückführen oder Meisters Projekt durchziehen soll. Was wiegt tipptopp glänzend restauriertes Sternenparkett gegen ein paar ungemütliche Nächte. Die Nachbarn, mit denen Sie dank feuchtfröhlicher Grillpartys im Gemeinschaftsgarten befreundet sind, werden das kurzfristige Treppenhauschaos tolerieren. Und ein bisschen Schmutz ist, wie Sie wissen, schnell vergessen.

Beflügelt von Ihrem Okay, nimmt er die knifflige Montage der Küchen-Bilderhaken in Angriff. Gegen die harte Mauer über der Sitzecke, wo Sie gerahmte Fotos arrangieren wollen, haben Nägel keine Chance. Hier hilft nur bohren und dübeln. Bei Loch Nummer drei schießt ein Funke aus der Wand, gefolgt von Brutzeln, die Lichter erlöschen und es verstummt die Bohrmaschine. Bestürzt analysiert der Fachmann, er habe wohl eine Stromleitung erwischt. Während er seinen elektrotechnisch versierten Freund anruft, checken Sie die Kühl-Gefrier-Kombi. Tote Hose. Morgen Abend, teilt er triumphierend mit, werde sein Elektrokumpel den Schaden beheben. Toll, bis dahin schwimmt Ihnen der Tiefkühlspinat entgegen. Sie rufen den Gebrechen-Notdienst. Nach drei Stunden und einem Minus von 270 Euro ist das Stromkabel repariert.

Wie niedlich erscheint die Panne angesichts des ersten Parkettbodenschliffs, dem, so haben Sie entsetzt vernommen, vier weitere folgen werden. Er opfert eine Woche Urlaub. Na und. Sie opfern Ihre Gesundheit. Statt allabendlich, so war's versprochen, die garantiert saubere Wohnung vorzufinden, schlägt Ihnen staubiger Nebel entgegen. Mittendrin, angetan mit Taucherbrille, Gehörschutz und Atemmaske, steht ein blauer Mann. Vom Handwerker-Sexappeal ist nichts geblieben. Er sieht aus wie ein geisteskranker Kammerjäger.

Ihre Zunge belegt sich, die Augen brennen, auf der Stirn sprießen Pickel. Nachts kriecht der Dreck in die Küche und berieselt das Matratzenlager. Ausgeschlossen, Sie kleine Hysterikerin, da er den Boden nach jedem Schleifgang gründlich saugt. Ach ja, wieso sind dann Ihre Haare, die Sie abends waschen, in der Früh so klebrig, dass man einen Irokesen in die Höhe zurren könnte?

Freitagabend, nach dem Endschliff, laden Sie ins Restaurant ein. Erstens stinkt Ihnen die ewige Take-away-Pizza, in der vollgestopften Küche kann man maximal Wasser kochen, zweitens wollen Sie den Mann bis nach Versiegelung bei Laune halten. Sie genießen Ihr Steak, ignorieren das Heimwerkergebrabbel und verschlucken sich, als er Ihre Hand ergreift. Der triefende Blick lässt einen Heiratsantrag befürchten. Schlimmer, er möchte mit Ihnen zusammenziehen. Die sanierte Eigentumswohnung können Sie teuer vermieten, er kündigt seine Mansarde, und Sie beide suchen ein schnuckeliges Häuschen am Stadtrand. Verlogen geloben Sie, darüber nachzudenken.

Vor dem Finale, zweiter Lackauftrag, entlässt er Sie Sonntagmittag zur Erholung in den Garten. Eine prächtige Idee, nachdem Sie am Gestank der Erstversiegelung, gefolgt vom Staub des Zwischenschliffs, beinahe erstickt wären. Bald schließt er sich, derweil der Lack aushärtet, der am Schwimmbiotop versammelten Nachbarschaft an, um die gesellige Runde drei Stunden später zwecks

Endkontrolle, bevor Sie die Pracht betreten dürfen, wieder zu verlassen. Eingelullt von Gratulationen, wer kann einen solchen Freund sein eigen nennen, brechen Sie auf.

Sie öffnen die Tür. Weiß gesprenkeltes Parkett. Starr vor Schock beglotzen Sie, was aussieht wie der gottverdammte Teppichboden, den Sie nie wollten. Seit wann heißt Sternenparkett, kreischen Sie, dass Millionen weißer Sternchen im Lack kleben. Der Meister schießt ums Eck, furiosen Blicks, mit dröhnend lauter Bohrmaschine im Anschlag. Al Pacino, Scarface-Kettensägenszene. Brüllt: Was hast denn du je beigetragen? Nichts, wozu auch. Dass, was jedes Kind weiß, sommers in Wassernähe Pappelblüten durch die Luft schwirren, haben Sie tatsächlich nicht erwähnt. Der Trottel hat die Fenster offen gelassen.

Mit der Ruhe der Verzweiflung bitten Sie ihn, sich und sein Zeugs zügig zu entfernen. Montagmorgen engagieren Sie eine professionelle Parkettbodenfirma, buchen Last Minute Mallorca und packen Ihren Koffer. Als Sie die Bettwäsche des verdreckten Matratzenlagers abziehen, flattert unter dem Kissen ein Zettel heraus. Die mit roten Herzen und Rufzeichen eingerahmte Annonce »Häuschen im Grünen – Bastlerhit!« wird unbeantwortet bleiben.

# Der Schlappschwanz

*Merken Sie sich, lieber Freund,*
*ein richtiger Fischer*
*wirft kleine Fische zurück ins Wasser.*
Milan Kundera

## FALLE
Er strotzt vor Kraft.

## HIMMEL
Gott, sieht der gut aus. Freches Grinsen, geht wie ein Panther, und sein Wahnsinnsbody macht Sie vollends wuschig. Der Oberkörper breit und prall und stark im schlichten weißen T-Shirt. Über dem Gürtel, wo sich bei Ihren Exen Bierbäuche in diversen Größen wölbten, gibt das Shirt, wenn es gottlob bisweilen nach oben rutscht, den Blick auf reine Muskelmasse frei. Wie die engen Jeans beim Sitzen über seinen Oberschenkeln spannen, jagt Ihnen heißkalte Gänsehaut über den Rücken. Verstohlene Blicke auf die Ausbeulung knapp darüber geben Ihnen den Rest.

Dass er täglich ins Fitnesscenter pilgert, droht seine Pracht ein wenig zu entzaubern. Ja, was haben Sie gedacht. Dass dieser Körper vom Fressen und vom Saufen kommt? Na also. Ihre Befürchtung, Muskelmann ernähre sich von Proteinshakes, Anabolikakapseln und Vitaminpillen, erweist sich als überflüssig, da er einem gemeinsamen Abendessen in Ihrer Lieblings-Trattoria begeistert zustimmt.

Der kuschelige Ecktisch ist mit rotweißkariertem Leinen liebevoll gedeckt, die Kerze brennt, im Hintergrund schmeicheln italienische Schnulzen. Frohgemut ergreifen Sie die Halbliterkaraffe Valpolicella, die der Padrone automatisch gebracht hat, wollen Ihrem Begleiter einschenken. Stopp, signalisiert seine blitzschnell erhobene rechte

Hand, leicht befremdet lehnt er ab. Offenbar trinkt er erst zum Essen.

Also bedienen Sie sich selbst, genießen die wohlig warme Wirkung des Rotweins und beobachten verzückt, wie ernsthaft er die sensationelle Speisekarte studiert. Er lässt sich Zeit. Gut so. Jetzt, da er Sie nicht ansieht, haben Sie Gelegenheit, Ihrer Phantasie freien Lauf zu lassen. Wie sein dicht gelocktes Haar sich wohl anfühlt. Die weichen Lippen müssen göttlich küssen. Wenn er Ihnen den Brotkorb reicht, treten auf seinem Handrücken die Sehnen hervor. Sie können kaum erwarten, in diesen Armen zu landen.

Er fragt nach Vollkornspaghetti mit Tomatensugo. Und wäre es bitte möglich, den Sugo ohne Öl zuzubereiten? Lucio Dalla singt »Caruso«, und einen Moment lang möchten Sie weinen. Signore Giovanni, angesichts des perversen Ansinnens um Fassung ringend, bedauert, weder Vollkornpasta noch Saucen ohne Olivenöl zu führen, und empfiehlt einen gemischten Salat. Während der Spaßvogel sein fades Gemüse mit stillem Mineralwasser bespült, gelingt es ihm nur unzureichend, sein Entsetzen zu verbergen, als Sie sich mitten in Ihren Gnocchi al Gorgonzola das dritte Glas Valpolicella genehmigen. Den abschließenden Grappa aufs Haus verweigert er ebenso wie den alternativen Espresso. Dass Ihr Padrone Sie beim Abschied mit einem besorgten Blick – tja, Mädl, dann viel Spaß – bedenkt, bilden Sie sich bestimmt nur ein.

Statt in den muskulösen Armen des Schönen beenden Sie den Abend solo auf Ihrer Couch. Die Stimmung war nicht optimal. Unter Zuhilfenahme einer weiteren Flasche Valpolicella denken Sie nach. Obwohl Sie unter sinnlichem Essen etwas anderes verstehen als grüne Blätter an Balsamicodressing an Mineralwasser, beschließen Sie, sich ein wenig umzugewöhnen. Zumal Sie die Chance erkennen, selbst gesünder zu leben. Weniger Fett, weniger Alkohol, weniger Nikotin, es ist ohnehin allerhöchste Zeit. Der Anblick seines Körpers ist geil genug, wer braucht da Käsesaucenorgien oder Wein in Strömen.

Außerdem geht es beim Essen nicht nur ums Essen. Auf dem Gebiet des guten Gespräches nämlich entpuppt sich Ihr neuer Freund als besonderer Meister. Während die Männer in Ihrem Bekanntenkreis witzige, bisweilen jedoch recht anstrengende Vielredner sind, beherrscht er die hohe Kunst des Zuhörens. Mit vor Konzentration zusammengekniffenen Augen und vorgebeugtem Oberkörper fixiert er Sie, lauscht Ihren Worten, keine Silbe will er verpassen. Das tut so gut. Man fühlt sich ernst genommen, verstanden, bestätigt.

Dass seine Kommentare meist in Form von Sprichwörtern und Aphorismen erfolgen, erscheint anfangs etwas schlicht. Als Sie von einem verzwickten Konflikt im Job erzählen und er die Lösung »Immer wenn du glaubst, es geht nicht mehr, kommt von irgendwo ein Lichtlein her« offeriert, fühlen Sie sich im ersten Moment auf den Arm genommen. Um letztlich Danke zu sagen. Danke für den optimistischen Ausblick, der schneller hilft als komplizierte Analysiererei.

Nach zahlreichen erquicklichen Gesprächen und gesunden Abendessen, bei denen Sie Ihren Alkohol- und Nikotinkonsum drastisch gedrosselt haben, sind Sie beide bereit für die erste Liebesnacht. Die Zeit war überreif.

Am folgenden Morgen hocken Sie um 5.45 Uhr in der rustikalen Küche des Frühaufstehers, kauen ein Müsli mit getrockneten Früchten und starren schlaftrunken auf das am Kühlschrank montierte Holztäfelchen mit der Inschrift »Morgenstund hat Gold im Mund«. Der scheußliche Kräutertee passt zu Ihrer Laune. Was sein göttlicher Körper Ihnen versprach, hat der gute Mann mitnichten gehalten.

Ist das wirklich wichtig? Sind Sie eine Tussi, dass es Ihnen auf die Größe ankommt? Nein, was zählt, ist Wärme. Drum nicken Sie tapfer, als er seine Hand auf Ihre legt, Ihnen tief in die Augen schaut und sagt, wie wunderschön es war.

### HÖLLE

Dank wachsender Intimität entpuppt sich Muskelmannes Neigung, das Liebesspiel mit Konversation zu würzen. Leider sind es keine geilen Schweinereien, die er Ihnen flüstert. Spürst du mich, will er wissen, wenn er in Fahrt kommt. Tja, was soll man sagen. Um Ihnen die gewünschte Antwort zu entlocken, zieht er seine Turnübungen in die Länge. Sie blicken zur Decke, denken an Ihre Einkaufsliste für den nächsten Tag und hegen den Verdacht, Loverboy denke an seinen Bizeps, der sich bei dieser Gelegenheit trefflich mittrainieren lässt. Als er, nach diversen Geschlechtsverkehren, eine gewisse Zurückhaltung Ihrerseits feststellt, greift er zum absoluten Killer: Sag mir, was du gerne magst. Oh Gott, auch das noch. Einen ordentlichen Schwanz und Klappe halten.

In diesem trüben Licht erscheint der tägliche Marsch ins Fitnesscenter lächerlich. Tarzan stemmt Gewichte, bravo, stählt seine Muskeln, bis er nicht mehr gehen kann vor Kraft. Dumm nur, dass für den einzigen Körperteil, der ernsthaft einer Stärkung bedürfte, keine Trainingsmaschinen parat stehen.

Das Projekt Candlelight-Dinner geben Sie zur Schonung Ihrer Nerven auf und verlagern die Zusammenkünfte ins Café. Soll er Kräutertee und Multivitaminsaft trinken, bis er vom Sessel kippt. Für Salatorgien stehen Sie nicht mehr zur Verfügung, die muss er woanders feiern. Am besten mit seinen Sportskameraden in der Nichtraucher-Vegetarier-Zentrale neben dem Fitnesscenter. Da können sie in keimfreier Klinikatmosphäre Tofu wiederkäuen und sich gemeinsam an ihren Bizepsen, Trizepsen und Waschbrettbäuchen begeilen.

Bei Treffen mit Freunden hingegen ist er Ihnen ein willkommener Begleiter. Essenseinladungen können angesichts der skurrilen Ernährungsgewohnheiten Ihres Lovers nicht wahrgenommen werden, aber Pokerabende, Tischtennisturniere, Wanderungen funktionieren wunderbar. Er kommt gut an. Sie beobachten, wie strahlend die Menschen auf ihn reagieren, und erinnern sich wehmütig an die Zeit, da sein Aussehen, die unbeschwerte Fröhlichkeit und der heitere Optimismus auch Sie noch faszinierten.

Dass der Gute intellektuell auf einem etwas niedrigeren Level rangiert, scheint niemanden zu stören. Wirkt, im Gegenteil, erfrischend. Man muss nicht alles analysieren, zerdenken, verstehen. Einmal herzhaft gelacht, dazu ein kleiner Sinnspruch aus dem Aphorismen-Kistchen, und schon löst sich manches Problem ganz von alleine. Die verschwörerisch-dreckigen Blicke Ihrer Freundinnen signalisieren, dass sie wissen, wo dieser Knabe punktet. Ein Irrtum, den Sie nicht aufzuklären gedenken.

Eines Tages beschließen Sie, Ihren Prachtkerl zu einem Empfang plus Galadiner im Innenstadtpalais mitzunehmen. Ein klassischer Smalltalktermin, da kann wenig schiefgehen. Was Sie brauchen, ist ein gut aussehender Begleiter, dazu taugt er allemal.

Treffpunkt Foyer. Sie sind schon da. Als Sie ihn kommen sehen, verpufft der letzte Rest von Libido, der noch in Ihnen floss. In dem billigen schwarzen Anzug sieht er aus wie ein Orang-Utan, den man als Bodyguard verkleidet hat. Das Sakko spannt an den Oberarmen. Dank der zu kurzen Hosen kommen die weißen Tennissocken, die in cognacfarbenen Maßschuhimitaten stecken, wunderbar zur Geltung. Höchst seltsam auch der Gang, gebremst, als kämpfe er bei jedem Schritt gegen einen unsichtbaren Widerstand. Offenbar versucht er vergeblich, dem soliden Schuhwerk seine federnden Pantherbewegungen aufzuzwingen. Die weiße Lederkrawatte entdecken Sie kurz bevor er Sie umarmt. Dass das Haar nach Latin-Lover-Art fettig glänzend gegelt ist, fällt kaum noch ins Gewicht.

Sie absolvieren den Empfang, stets darauf bedacht, den Mann in Ihrem Schlepptau als zufällige Cocktailbekanntschaft zu behandeln. Eine grausame Taktik, die bestens funktioniert, zumal der Schwachkopf nichts mitbekommt. Im Affengriff hält er sein Champagnerglas, aus dem er freilich keinen Tropfen trinkt, und grinst zufrieden vor sich hin. Gut so, denn in diesem Augenblick haben Sie am anderen Ende des Saales den Gastgeber erblickt, in dessen Richtung Sie zischen, um ihn ohne Anhängsel zu begrüßen. Er freut sich, Sie zu sehen, sagt er, Sie freuen sich über die Einladung, sagen Sie und erstarren. Neben Ihnen steht Einstein, reicht Ihrem Gegenüber mit den

Worten »Je später der Abend, desto schöner die Gäste« die Hand und outet sich als Lebensgefährte. Sie möchten versinken und nie wieder auftauchen.

Als die Gästekarawane in Richtung Dinner zu rollen beginnt, mutiert die Scham zu nackter Panik. Sie müssen aus dieser Veranstaltung aussteigen, sofort. Mit dem Trottel können Sie nicht zu Tisch gehen. Die Scherzchen, die zum Pokern und zum Wandern passen, wären hier fatal. Vom peinlichen Styling ganz zu schweigen. Er wird seine Pranke auf Ihre Hand legen und Schwachsinn reden. Kultiviert, wie die Gäste sind, werden sie höflich lächeln. Aber wehe Ihnen. Bis der Abend und die Contenance zur Neige gehen, haben Sie einen irreparablen Eindruck hinterlassen. Die beruflichen Kontakte, die Sie hier pflegen wollten, können Sie vergessen. Nach diesem Essen sind Sie erledigt.

Sie setzen Ihr leidendstes Gesicht auf und entschuldigen sich beim Gastgeber unter Vorspiegelung plötzlicher Übelkeit. Was nicht ganz gelogen ist. Im Taxi teilen Sie Orang-Utan mit, dass Sie angesichts Ihres turbulenten Magens alleine schlafen müssen. Unter dümmlichem Augenzwinkern, das er für lasziv hält, meint er, er wisse, wie er Sie super ablenken könne. Na klar. Die neunundneunzigste schlappe Nummer hat Ihnen heute gerade noch gefehlt.

Sie liefern ihn zu Hause ab, werfen einen letzten Blick auf seinen Knackarsch, als er die Haustüre aufsperrt, und nennen dem Taxifahrer die Adresse des Wirtshauses, in dem Ihre Freunde mit sündig fetten Bratwürsten und Fässern voller Wein den verregneten Frühlingsbeginn feiern. Alles hat ein Ende, nur die Wurst hat zwei.

# Der Tyrann

*Ich bin nicht glücklich.*
*Weil ich einen Mann geliebt habe, der nicht existierte.*
*Weil ich die Witwe einer Illusion bin.*
Dorothy Thompson

## FALLE
Sie sind die Frau seines Lebens.

## HIMMEL
Wo, um Himmels willen, habt ihr diesen Supertypen all die Jahre nur versteckt? Zwanzig, dreißig, vielleicht vierzig Einladungen, und er war nie dabei. Nach dem Essen werden Sie die Gastgeber zur Rede stellen. Wie konnten Ihre engsten Freunde es wagen, Ihnen den Mann, der heute Abend Ihr Tischherr ist, vorzuenthalten.

Sie verknallen sich auf Anhieb. Ein Händedruck, ein Blick, ein Lächeln, Sie sehen nur noch ihn. Der Tischnachbar zur Rechten ist vergessen, die übrigen Gäste entschwinden im Nebel, Ihr Glück sitzt links. Sie beide reden, als sprächen Sie zu einem zweiten Ich. Sodass bald einer den begonnenen Satz des anderen beendet. Die vollen Teller mit dem Hauptgang registrieren Sie, als am anderen Tischende bereits das Dessert aufgetragen wird, so versunken sind Sie ineinander. Auch die Übersiedlung ins Wohnzimmer entgeht Ihnen beiden. Weit nach Mitternacht, als die ersten Gäste aufbrechen, sitzen Sie immer noch zu zweit am Esstisch.

Am Ende dieses Novemberabends sind Sie ein Paar. Obwohl nichts geschah, außer Konversation, Lachen, hin und wieder eine zufällige Berührung der Hände, wissen Sie und er, dass Sie zusammengehören. Nichts war je klarer.

Ihr längst ad acta gelegter Jungmädchentraum ist wahr geworden, Sie können es kaum fassen. Was hat Ihre Mutter gelacht, als sie einst fragte, welchen Mann Sie sich wünschen, und der Teenager die Beschreibung lieferte. Kindchen, viel Erfolg, aber das gibt's nur im Märchen. Siehst du, Mama, man muss bloß lange genug warten.

Noch sucht die Skeptikerin nach dem Hund, der irgendwo begraben liegen müsste, doch werden Sie nicht fündig. Der Mann hat, kapieren Sie das endlich, ausschließlich Qualitäten. Hochintelligent, witzig, redegewandt. Besonders sexy finden Sie seinen rauen Charme, den manche Schwachköpfe mit Schroffheit verwechseln und der in Kombination mit seinem kantigen Gesicht und der extrem tiefen Stimme aufregend männlich kommt. Sein Kleidungsstil ist Understatement. Dass die lässigen Hosen, Hemden, Pullover, Lederjacken, Schuhe aus feinstem Material gefertigt sind, erkennt man auf den zweiten Blick. Nicht zuletzt beeindruckt seine gesellschaftliche Position.

Zwar haben Sie auf Geld, Erfolg und Herkunft stets gepfiffen, bisweilen krass unter Ihrem Niveau geliebt, doch erfahren Sie jetzt, wie angenehm es sich anfühlt an der Seite eines Mannes, der im Leben etwas geleistet hat und den Sie respektieren können. Zumal er mit Geld, Haus, Auto, seinem gesamten Besitz völlig locker umgeht. Er protzt nicht, es ist einfach da. Auch haben Sie gegen Manieren nichts einzuwenden. Dass ein Mann Ihnen die Türe aufhält, in den Mantel hilft, weiß, wie man im Restaurant die Rechnung verlangt, können Sie sehr gut vertragen.

Was Sie angesichts seines Lebensstils restlos begeistert, ist der geringe Arbeitsaufwand. Dank einer erstklassigen

Mannschaft läuft sein Architekturbüro dermaßen erfolgreich, dass er sich den Luxus leistet, nur Projekte, die ihn interessieren, persönlich zu betreuen. Da spannende Aufträge rar gesät sind, verfügt er über reichlich Freizeit, was trefflich passt, auch Sie können Ihre Arbeit als Karikaturistin weitgehend unabhängig einteilen.

Drei glückliche Wochen nach der Begegnung will er mit Ihnen verreisen. Eine wunderbare Idee, allerdings unterscheiden sich Ihre Vorstellungen krass von seinen. Weihnachten in der Karibik entzücken Sie null, da Sie den 24. Dezember mit Ihrer Familie verbringen wollen und im Winter Urlaub im Schnee vorziehen. Die Diskussion wird vertagt. Zwei Tage später präsentiert er ein dickes Kuvert, dem Sie Flugtickets und einen Hotelvoucher entnehmen. Es geht in die Karibik, vom 20. Dezember bis 3. Januar.

Ihr Ärger über die Überrumpelung mutiert zu Respekt. Sie haben es nicht mit einem unterwürfigen Bürschchen zu tun, das nach Ihrer Pfeife tanzt, sondern mit einem Mann, der Nägel mit Köpfen macht. Die Familie wird zu Weihnachten sehr gut ohne Sie auskommen. Und zwei Wochen an der Sonne sind bestimmt schöner, als in Eiseskälte durch den Schnee zu stapfen.

Dass die Seligkeit an der Seite dieses Mannes steigerungsfähig ist, hätten Sie nicht gedacht. Am dritten Urlaubsabend sitzen Sie bei einer Flasche Weißwein gemeinsam auf der Terrasse Ihres Bungalows und lauschen den Meereswellen, als er fragt, ob Sie ihn heiraten wollen. Heirate mich, ich liebe dich, ich will ein Kind von dir. Unter Tränen des Glücks sagen Sie ja. Obwohl Sie nie heiraten wollten. Obwohl Sie keine Kinder wollten. Jetzt, da Sie den Richtigen getroffen haben, wollen Sie.

Seither nennt er Sie, wenn er Ihnen jemanden vorstellt oder über Sie spricht, »meine Frau«. Bald sagen auch Sie »mein Mann«, und es hört sich phantastisch an. Dass er, bevor Sie ins Restaurant oder zu einer Einladung gehen, Dresscodewünsche äußert, ist anfangs ungewohnt, im Grunde jedoch praktisch, da Sie sich das Nachdenken ersparen. Sachte macht er Sie darauf aufmerksam, dass Sie zu laut lachen und zu heftig gestikulieren. Freilich würde er Sie nie in Gesellschaft kritisieren, die Hinweise erfolgen zu Hause unter vier Augen. Auch in Sachen Lektüre und TV liefert er wertvolle Tipps. Tatsächlich sollten Sie statt der ewigen Kriminal- und Liebesromane öfter ein Sachbuch zur Hand nehmen. Ebenso wenig wird es Ihnen schaden, Ihr Interesse an Spielfilmen auf Nachrichten- und Informationssendungen auszuweiten.

Schwerer fällt es, dem Paschagehabe Positives abzugewinnen. Die perfekt ausgestattete Küche seines Hauses fungiert als Monsieurs persönliche Tabuzone. Keinen einzigen Löffel räumt er in die Geschirrspülmaschine, berstend volle Mülleimer werden standhaft ignoriert, kochen, Gott behüte, ein Fremdwort. Was soll's. Sie kochen gerne, er genießt es, umsorgt zu werden. Welcher Zacken fällt Ihnen aus der Krone.

Bei aller Liebe brauchen Sie auch Zeit für sich. Für Ihre Arbeit, Ihren Haushalt, Ihre Freunde. Das schmeckt ihm nicht. Er wüsste Sie gern 24 Stunden jeden Tag in seiner Nähe. Ihre Freunde, erfahren Sie, sind amüsant, im Grunde aber gescheiterte Existenzen, Sie verschwenden Ihre Zeit. Den Haushalt kann eine Putzfrau erledigen. Und für die Zeichnerei, wie er Ihren Beruf nennt, stellt er Ihnen seine schönste Veranda zur Verfügung.

Im Zuge der Umstrukturierungen möchte er die einstige Geselligkeit seines Hauses wiederbeleben, das in den zehn Jahren seit dem Auszug der Exfrau samt drei kleinen Kindern ruhig geworden ist. Also lädt man Gäste ein. Während Sie kochen, den Tisch decken und Weine dekantieren, kommt er aus dem Lesezimmer wiederholt zu Ihnen und küsst Sie auf den Nacken. Wie er sich freut. Den gelungenen Abend lassen Sie beide am Esstisch bei einer Flasche Rotwein ausklingen. Sie betrachten die langsam niederbrennenden Kerzen und lauschen französischen Chansons, die er seit einem Studienaufenthalt in Paris so liebt. Danach legen Sie die alte mexikanische CD ein, die Sie heute mitgebracht haben, um ihm Ihr Lieblingsliebeslied vorzuspielen. Weil es zum ersten Mal im Leben passt.

Er leert sein Glas auf einen Sitz, schenkt sich mürrischen Blicks erneut ein. In den Pausen zwischen drei weiteren hastig gekippten Achteln knurrt er wie ein gereizter Pitbull. Kaum ist der letzte Ton verklungen, beginnt er zu brüllen. Was das soll, was bilden Sie sich ein, was spielen Sie ein scheiß spanisches Lied, dessen Text er nicht versteht. Sprachlos sitzen Sie vor einem Fremden. Weiß Gott, was ihm über die Leber gelaufen ist. Er hat einfach zu viel getrunken. Vergessen wir das hässliche Ende eines schönen Abends.

## HÖLLE

Eine Woche später liefert er die verschärfte Variante. Nachdem Sie in der Küche eine Stunde mit Ihrer in Scheidung lebenden Freundin telefoniert haben, herrscht er Sie an, sein Haus zu verlassen. Sie verschwinden ins Badezimmer, es ist ein Uhr früh, und hoffen, er möge zur

Vernunft kommen. Stattdessen folgt er Ihnen und knallt Ihre Kosmetikflaschen an die Wand, Stück für Stück, haarscharf an Ihrem Kopf vorbei. Entsetzt flüchten Sie nach Hause.

Als er am nächsten Morgen verstört anruft, da er unerklärlicherweise alleine aufgewacht ist, helfen Sie seinem Gedächtnis auf die Sprünge. Erschüttert entschuldigt er sich und kann Ihnen garantieren, dass so etwas nie wieder passieren wird. Er habe zu viel getrunken. Er liebt Sie, braucht Sie, Sie beide sind, mein Herz, vergiss das nicht, füreinander geschaffen. Sie halten stand, doch als er Sie gegen Abend mit wohl formulierten Liebes-SMS bombardiert, setzen Sie sich ins Auto und rasen in seine Arme.

Bei Ihrer achten Rückkehr nach dem achten Anfall gesteht der starke Mann, dass er unter entsetzlichen Verlustängsten leidet. Die Sie ihm nehmen können. Er möchte, dass Sie bei ihm wohnen, dann wären die Probleme aus der Welt geschafft. Sie sind die Frau seines Lebens, sie ergänzen einander, es sei an Ihnen, die Konsequenz zu ziehen. Bitte.

Zunächst ziehen Sie Ihren besten Freund zurate. Ein Flop. Statt Ihnen die Entscheidung zu erleichtern, belästigt er Sie mit der Prognose, dass einer, der mit Flaschen wirft, früher oder später zuschlägt. Schwachsinn. Sie beenden das Gespräch. Vielleicht, auch wenn Sie bisher immer bockten, sollten Sie sich auf das Abenteuer Zusammenleben einlassen. Wann, wenn nicht jetzt. Sich mit aller Konsequenz zum tollsten Mann, der Ihnen je begegnet ist, bekennen. Seine einzige Schwäche, hier und da ein kleiner Tobsuchtsanfall, kriegen Sie in den Griff.

Allmählich entgleitet Ihnen die Kontrolle über Ihren Alltag. Sie leben in einer Zeitzange. Morgens lässt er Sie ungern ziehen. Nachmittags, bevor Sie einen Bruchteil Ihres Programms erledigt haben, möchte er Sie zu sich holen. So subtil der Druck ist, den er im Namen von Liebe und Sehnsucht ausübt, so nachhaltig nimmt er den Atem. Wie ein Krake schlingt er seine Tentakel um Sie, von Tag zu Tag ein wenig enger.

Sie vernachlässigen Ihre Wohnung. Die kurzen Aufenthalte reichen kaum für das Allernötigste. In rasendem Tempo öffnen Sie die Post, waschen Kleidung, ziehen sich um. Schon steht er vor der Türe. Von lesen, fernsehen oder davon, Gott behüte, einen Knopf anzunähen, ist keine Rede. Familie, Freunde und Kollegen vertrösten Sie. Sie haben keine Zeit für lange Telefonate und Stunden im Café. Obwohl Sie so manches Mal lieber zu Hause blieben oder einen Abend mit Freunden verbrächten, geben Sie um des lieben Friedens willen nach.

Statt des Friedens gedeihen die Wutanfälle. Die Phase, da Sie ein Muster suchten, Auslöser erkennen und vermeiden wollten, ist abgeschlossen. Der Mann ist krank im Kopf. Aus heiterem Himmel brüllt er los. An guten Tagen, wohlgemerkt. An schlechteren empfiehlt es sich, das Weite zu suchen, bevor Gläser, Flaschen und ähnlich geeignete Gegenstände an den Wänden zerbersten. Es schreit nach Therapie. Aber sagen Sie das einem Choleriker. Da Sie am Leben hängen, behalten Sie den Tipp für sich.

Ob zu zweit im trauten Heim oder in Gesellschaft, Sie fühlen sich gehemmt. Vermutlich wird er im Restaurant, bei einer Party oder auf belebten Straßen nicht in vollem Umfang ausrasten, doch sind Sie auf der Hut. Die Veränderung missfällt Ihnen. Sie sagen einen Bruchteil dessen, was Sie denken. Sie sprechen leiser, lachen selten, gestikulieren sparsam. Dass Sie sich die Beschneidung Ihrer selbst nicht einbilden, sehen Sie durch die ungläubigen Blicke Ihrer Freunde bestätigt. Denen Sie, aus Scham über ihn und über sich, nichts mehr erzählen. Alleine, an ein Wunder glaubend, wandern Sie weiter durch das Minenfeld.

Wo ist Ihr Stolz? Das sind doch nicht Sie, die nach jeder der grauenhaften Szenen zurückkehrt. Sie fliehen in der Gewissheit, diesmal endlich den Schlussstrich zu ziehen. Kaum haben Sie Ihre Wohnung erreicht, springt Sie statt Erleichterung unbändiger Schmerz an. Wund vor Wut und Trauer hoffen Sie, er möge Sie in Frieden lassen, und verzweifeln mit jeder Minute, da Sie nicht von ihm hören. Sobald seine SMS eintrifft, blendet die Sehnsucht alles aus, das Vernunft und Erfahrung Ihnen sagen wollen. Ferngesteuert gehen Sie zu Ihrem Auto.

Es ist eine Sucht. Wissend, wie sehr die Droge Ihnen schadet, bekämpfen Sie den Schmerz mit der giftigen Substanz. Sie können diesem Mann, in dem ein Monster steckt, nicht widerstehen. Je größer der Kater, desto stärker gieren Sie nach der nächsten Dosis. Einmal, ein einziges Mal noch müssen Sie seine gute Seite kosten, um das Monster zu verdauen. Dann können Sie sich endgültig von ihm trennen.

Keine Chance. Obwohl Sie in den kurzen abstinenten Phasen klar erkennen, dass es, mehr als die Wutanfälle, seine Herrschsucht ist, mit der Sie nicht leben wollen. Die Erleichterung beim Betreten Ihrer Wohnung ist immens. Längst lügen Sie, schützen Handwerkertermine vor, um ein paar Stunden Wohlgefühl zu ertricksen. Zu ihm ziehen, Sie Idiotin, Sie waren nahe daran. Damit er Sie rund um die Uhr kontrollieren kann. Und statt auf

Freunde, Haushalt oder Ihre Arbeit auf die Minuten eifersüchtig ist, in denen Sie sich innerhalb seines Hauses irgendeiner Aktivität widmen, die nichts mit ihm zu tun hat. Ein Film, ein Buch, ein Vollbad, schon fühlt er sich zurückgesetzt.

Seine Belehrungen kotzen Sie an. Wie kommt er dazu, Sie in Sachen Bekleidung, Lektüre oder Benehmen zu erziehen. Sie sind keine siebzehn, und bislang ohne seine Instruktionen gut gefahren im Leben. Wenn hier jemand einiger Anregungen bedürfte, dann er. Apropos Erziehung: Wieso verweigert jedes seiner drei Kinder, denen er laut eigenen Angaben ein wunderbarer Vater war, den Kontakt?

Sie ergänzen einander. Oh nein. Sie ergänzen ihn. Nicht dass er Sie nicht liebt, auf seine Weise, doch liebt er pervers. Sie passen in sein Schema. Was nicht passt, biegt und bricht und zwingt er hin. Der starke Wille, mit dem er alles beinhart durchsetzt, muss auch bei der Modellierung seiner Frau funktionieren.

Sosehr Sie wünschen, von ihm loszukommen, Sie ringen immer noch um einen Weg, den Kompromiss zwischen Authentizität und Zweisamkeit. Weil kein Mann Sie je so fasziniert hat. Weil Sie glauben, nicht noch einmal so lieben zu können. Weil Sie sich nie im Leben einer Sache so sicher waren wie damals, als Sie ihn trafen.

Er erlöst Sie von dem Kampf, den Sie gegen sich selbst ausfechten. Eines Nachts gehen Sie um 1 Uhr zu Bett, statt ihm bei der dreißigsten Nachrichtensendung Gesellschaft zu leisten. Zwei Stunden später reißt Gebrüll Sie aus dem Tiefschlaf. Er steht im Schlafzimmer, fordert Sie tobend auf, das Haus zu verlassen. Die jüngst bewährte Strategie, sich schlafend stellen, fruchtet nicht. Sie stehen auf, ziehen sich an und schnappen Ihre Handtasche. Als Sie das Haustor öffnen, kommt er mit ausgebreiteten Armen auf Sie zu. Sie ignorieren die Versöhnungsgeste, wenden sich ab und tun den Schritt ins Freie. Die Ohrfeige macht Sie taub.

Während Sie durch den finsteren Garten zu Ihrem Auto gehen, langsam, keine Panik jetzt, kommt ein fürchterlicher Frieden über Sie. Perverse Erleichterung, weil Sie wissen: Jetzt geht nichts mehr.

In eiskalter Ruhe, nur die Hände zittern, schließen Sie Ihre Wohnungstüre auf. Statt des Mitleids mit ihm, dem Verrückten, haben Sie endlich Mitleid mit sich selbst. Sie schalten die Telefone aus und weinen die ganze Nacht. Um sich, um ihn, um eine große Illusion.

# Der Hochstapler

*Die Stimme des Teufels
hört sich süß an.*
Stephen King

### FALLE
Er ist ein Mann von Welt.

### HIMMEL
Sie sitzen an der Hotelbar, schlürfen Ihren Abendtee und sind stocksauer. Wo ist Ihr Buch. Hätte jemand Sonnenbrille, iPod oder Geld geklaut, bitte sehr. Aber nein, just der spannende Roman war verschwunden, als Sie am Nachmittag vom Swimmingpool zur Liege zurückkehrten. Brutal, zumal Ihre Reisebegleitung Lektüre heißt.

Missmutig lauschen Sie dem Geklimper des Pianisten. Jetzt spielt der auch noch Sinatra-Lovesongs. Ein Pärchen beginnt zu tanzen. Bevor Sie endgültig in Selbstmitleid ertrinken, verlangen Sie die Rechnung. Sie unterschreiben, schnappen Ihre Tasche und rutschen vom Barhocker, da steht das Buch auf dem Tresen. Ein Mann, schüchtern lächelnd, bittet um Verzeihung, er wolle Sie nicht belästigen, dieses Buch lag im Garten unter einem Baum, und da er Sie, Sie nähmen ihm das bitte nicht übel, beim Lesen beobachtet habe, Graham Greene sei übrigens sein Lieblingsschriftsteller, vermute er, es gehöre Ihnen.

Bevor Sie gebührend danken können, verneigt er sich, es war ihm ein Vergnügen, wünscht eine angenehme Nacht und ist verschwunden.

Der Fremde wird zum Vertrauten. Mit dem Krebstod Ihres Mannes vor zwei Jahren ist die Lebensfreude gestorben. Weder Freunde noch Arbeit noch luxuriöse Urlaube, die Sie sich dank des geerbten Vermögens leisten können, helfen. Ohne ihn ist alles leer. Weshalb Sie, bei aller Einsamkeit, auf Annäherungsversuche äußerst schroff reagieren. Hampelmänner. Wer will ihm schon das Wasser reichen.

Dieser Fremde, der Sie zum Reden, sogar zum Lachen bringt, ist anders. Nobel, dezent, feinfühlig. Er drängt sich nicht auf, respektiert Ihr Bedürfnis nach Ruhe, steht zur Verfügung, wenn Sie Gesellschaft brauchen. Sein Charisma fasziniert Sie. Er ist kein Beau. Abgesehen von der gediegen eleganten Bekleidung wirkt er unscheinbar. Mausbraune Haare, Jungengesicht, Brille. Dann, wenn er lächelt, zwischen schüchtern und verwegen, blitzt etwas Geheimnisvolles auf. Man möchte näher rücken und seine Geschichte hören.

Er ist Arzt, gebürtiger Deutscher, aufgewachsen in Brasilien. Obwohl er vom Millionenerbe seines Vaters, der mit Beteiligungen an Eisenerzminen im Amazonas ein Vermögen machte, leben könnte, studierte er an der Universität von São Paulo Medizin. Nach dem ersten Jahr als Unfallchirurg beschloss er, dem Sterben psychisch nicht gewachsen, in die Baubranche zu wechseln. Seine Firma, mit Schwerpunkt Solarenergie, floriert. Zwecks Expansion nach Europa hat er soeben den Zweitsitz in seiner Geburtsstadt Hamburg eröffnet. Um der Medizin nicht gänzlich den Rücken zu kehren, arbeitet er bei der Freiwilligenorganisation »Ärzte ohne Grenzen«. Mit den Einsätzen für Menschen in Not möchte er ein wenig von dem, was das Leben ihm geschenkt hat, zurückgeben.

Ein Jammer, dass er wegen eines Gerichtstermins nach Brasilien fliegen muss. Seit zwei Jahren läuft das widerliche Scheidungsverfahren. Von einem beinharten Anwalt, übrigens einst sein bester Freund, angestachelt, das ohnehin äußerst großzügige Unterhaltsangebot in die Höhe zu treiben, erpresst seine Frau ihn mit dem Besuchsrecht. So gerne er diese Ehe beendet sähe, seine beiden Töchter will er um nichts in der Welt verlieren.

Der Abschied fällt ihm schwer. Wie gerne würde er Sie in die Toskana begleiten, wohin Sie nach dem Wellnessurlaub aufbrechen. Vom ursprünglichen Wunschziel, der Amalfiküste, haben Sie nach reiflicher Überlegung Abstand genommen. In Positano bei Kerzenlicht auf einer Terrazza zu sitzen und, umzingelt von Liebespärchen, alleine ins Meer zu glotzen, ist nicht optimal. Bei der Wanderwoche samt Kochkurs in Siena sind Sie beschäftigt und, hoffentlich, nicht die Einzige, die solo durch die Gegend stapft.

Irrtum. Bis auf eine durchgeknallte Amerikanerin besteht die Gruppe aus deutschen und österreichischen Ehepaaren. Sie wandern Hand in Hand, beschnuppern selig lächelnd jedes Pflänzchen und japsen vor Begeisterung über das wunderbare Farbenschauspiel der Natur. Als Sie am vierten Nachmittag, halb taub vom amerikanischen Geschnatter, zum Hotel zurückkehren, fährt ein dunkelgrauer Maserati vor. Es entsteigt, man glaubt es kaum, Ihr Retter. Mit einem immensen Blumenstrauß geht er auf Sie zu, nimmt die Sonnenbrille ab, küsst Ihre Hand. Die Sehnsucht hat ihn umgebracht, er nahm sofort nach der Verhandlung das nächste Flugzeug nach Europa.

Drei glückliche Tage später fährt er Sie heim nach Wien, wo er zu Ihrer beider Kummer nicht bleiben kann. Ein Problem mit der Baufirma erfordert seine Anwesenheit in São

Paulo. Ihr Angebot, ihn zum Flughafen zu begleiten, schlägt er aus. Er ist so schlecht im Abschiednehmen.

Als Sie eine Woche später zum abendlichen Rendezvous im Restaurant eintreffen, erkennen Sie ihn nicht wieder. Wo sind die Leichtigkeit, das Strahlen, der Humor. Hier sitzt ein zutiefst bedrückter Mann. Sein tapferer Versuch, sich nichts anmerken zu lassen, misslingt. Sosehr Sie insistieren, wissen müssen, was ihn quält, so hartnäckig blockt er ab. Dass er Sie mit seinen Problemen verschonen will, akzeptieren Sie nicht, nach allem, was Sie ihm anvertraut haben. Es dauert eine Stunde, bis er mit der Sprache herausrückt. Seine Frau hat ihn bei der Finanzbehörde angezeigt, worauf sämtliche Konten gesperrt wurden. Die unbezahlten Lieferanten streiken, was zu konkursträchtigen Baustopps führt, nicht einmal die Miete für sein Penthouse in São Paulo kann er aufbringen. Bis er die Verleumdung entkräftet hat, können seine Firma und sein Ruf ruiniert sein. Welche Ironie des Schicksals, über Millionen zu verfügen und an läppischen 60 000 Euro zu scheitern.

Ihr Kreditangebot lehnt er so gerührt wie standhaft ab. Erst beim Dessert willigt er ein, den falschen Stolz über Bord zu werfen und sich helfen zu lassen. Ihr Vertrauen wird nicht enttäuscht. Drei Wochen später ist das Finanzverfahren eingestellt, auf Ihrem Konto gehen 60 000 Euro plus Zinsen ein.

Ihre Freundin brennt darauf, den Mann, der Sie endlich wieder glücklich macht, kennenzulernen. Beim Abendessen in Ihrer Wohnung bombardiert die Ärztin ihn mit Fragen zur, wie sie weiß, weltweit renommierten medizinischen Fakultät der Universität von São Paulo. Das stand zu befürchten. Nie kann sie Beruf und Freizeit trennen. Nach einer Reihe von Informationen, gespickt mit amüsanten Anekdoten, wechselt er, er wolle Sie nicht mit Fachgesimpel langweilen, das Thema. Ihre Freundin verstummt für den Rest des Abends. Was soll das. Beleidigte Leberwurst passt nicht zu ihr. Dass sie sich früh verabschiedet, akzeptieren Sie gerne.

Der Ärger verpufft, als Ihr Liebster von Florianópolis zu erzählen beginnt. Sie beide liegen auf der Couch, er hält Sie fest im Arm und schildert Ihnen sein Paradies. Dort, in Florianópolis, auf der Insel Santa Catarina im Süden Brasiliens, wo am Meer sein Häuschen steht, möchte er Sie heiraten. Nach einem alten indianischen Ritual. Keine Kirche, kein Standesamt, keine Trauzeugen. Nur der Indio-Priester, der Sie und ihn unter freiem Himmel auf ewig vereint.

Sie erstarren, sprachlos vor Schock und Glück. Er will Sie, um Gottes willen, nicht überrumpeln. Lassen Sie sich Zeit, befragen Sie Ihr Herz. Sie sollten nur wissen, dass Sie die Frau sind, auf die er ein Leben lang gewartet hat, die er nie wieder gehen lässt. Sie entspannen sich, liebkost von seinen Händen und von seinen Worten. Noch einmal neu beginnen, warum nicht, mit diesem wunderbaren Mann. Gelitten ist genug. Verdammt, Sie verdienen es, wieder zu leben.

## HÖLLE

Als er am nächsten Morgen im Internet nach Florianópolis-Bildern und Videoclips schmökert, stößt er zu seinem Entzücken auf den vermeintlich verschollenen Spielfilm, der vor 20 Jahren in der Nähe seines Hauses gedreht wurde. Nach Überweisung von sechs Euro gibt der Anbieter den Streifen frei. Da Ihr Prinz seine Kreditkarten nicht dabei hat, tippen Sie gemeinsam Ihre Visa-Daten ein. Neunzig Minuten später könnten Sie vor Begeisterung sofort ins Paradies aufbrechen.

Am Nachmittag, er absolviert geschäftliche Termine, schrillt das Telefon in Ihre Zukunftsträume. Die Freundin, um Worte nie verlegen, klingt ungewohnt befangen. Weshalb Sie unterlassen, Sie wegen Ihres seltsamen Benehmens vom Vorabend zur Rede zu stellen. Nach drei missglückten Ansätzen holt sie tief Luft. So leid es ihr tue, als Ihre beste Freundin sei es ihre Pflicht, Ihnen zu sagen, dass der Name des Herrn Doktor in keinem Ärzteverzeichnis der Welt aufscheine.

Was fällt ihr ein. Wer hat sie gebeten, hinter Ihrem Rücken zu schnüffeln. Warum freut sie sich nicht mit Ihnen, statt, eifersüchtig, nach Haaren in der Suppe zu suchen. Die Freundin bleibt trotz der Attacken ruhig. Der Mann erscheint ihr nicht seriös. Mit oder ohne Doktortitel. Sie wird keinesfalls zusehen, wie Sie ins Unglück rennen. Wenn Sie ihr misstrauten, sollten Sie sich seine Approbationsurkunde zeigen lassen.

Sie werfen den Computer an. Google spuckt weder seinen noch den Namen seiner Firma aus. Ihnen wird kalt. Aber, ruhig Blut, Suchmaschinen wissen nicht alles. Es gibt ein Leben außerhalb des Internets.

Um die Recherche in einen unverfänglichen Kontext zu betten, zeigen Sie ihm nach dem Abendessen Fotos aus Ihrer Jugend. Während er interessiert im Album blättert, fragen Sie nach Bildern seiner Kinder. Auch die brasilianische Approbationsurkunde würden Sie gerne sehen. Und Fotos vom Haus in Florianópolis. Sein Blick verdüstert sich. Vor eineinhalb Jahren, bei einem Brand im Penthouse, ging alles verloren. Fotos, Urkunden, die Puppen seiner Mädchen. Die Flammen haben ihm seine schönsten Erinnerungen geraubt.

Eine traurige Geschichte. Allerdings: erpresserische Ehefrau, irregeleitete Finanzbehörde, ausgebrannte Wohnung – der Mann hat für Ihren Geschmack etwas viel Pech. Um sich und ihn auf positivere Gedanken zu bringen, fordern Sie ihn auf, Ihnen seine Firma im Internet zu zeigen. Er hat keine Homepage, ganz bewusst, setzt altmodisch auf Mundpropaganda.

Sie ziehen sich ins Badezimmer zurück, überdenken die Worte Ihrer Freundin und putzen sich gerade die Zähne, als er, sichtlich betrübt, hinter Ihnen im Spiegel auftaucht. Soeben erhielt er einen Anruf von der »Ärzte ohne Grenzen«-Zentrale. Morgen früh bricht er zu einem zweimonatigen Einsatz in Simbabwe auf.

Fünf Wochen nach seiner Abreise, seit der er sich, wie angekündigt, wegen der von Rebellen großteils zerstörten Telekommunikationszentralen nicht melden konnte, stehen Sie an der Kasse eines Elektromarktes. Die neue Stereoanlage war überfällig. Statt Geräte, Boxen und Abrechnungsbeleg zu überreichen, teilt die Kassiererin mit, Ihre Visa-Karte sei eingezogen worden. Ausgeschlossen, ein Irrtum, sie soll es noch einmal versuchen. Nach drei weiteren fruchtlosen Anläufen verlassen Sie das Geschäft, rufen wutentbrannt Ihre Bankbetreuerin an. Ja, wussten Sie denn nicht, dass die Kreditkarte, zum Schutz der Kunden, bei einer dermaßen massiven Überziehung des Verfügungsrahmens automatisch gesperrt werde? Kein Grund zur Aufregung, bitte beruhigen Sie sich. Den Minusbetrag, den die Reisebüro-Abbuchung in Ihr Konto gerissen hat, könne man locker per

Überweisung vom Sparbuch oder, falls Ihnen das lieber sei, durch den Verkauf einiger Wertpapiere ausgleichen.

Sie stürmen das Reisebüro, bei dem Sie nie gebucht haben. Die freundliche Dame ruft die unter dem Namen Ihres Freundes registrierten Unterlagen auf, aha Weltreise, und staunt: Aber Sie müssten doch heute auf Tahiti sein! Eine Kopie der Rechnung, per Internet mit Visa bezahlt, weist seinen Namen aus, Mr and Mrs, und beläuft sich auf 32 000 Euro.

Nachdem Sie betäubt nach Hause getaumelt sind, rufen Sie einen alten Freund bei der Polizei an. Der Ihre Geschichte, ohne Sie verletzen zu wollen, auf den ersten Blick als klassischen Hochstapler-Fall einstuft. Er werde, erst mal diskret, ermitteln, und melde sich dann wieder.

Sein Anruf, zwei Tage später, zerschlägt die zarte Hoffnung, es möge sich um einen Abbuchungsfehler seitens Visa oder des Reisebüros handeln. Ihr Lover befindet sich, mit einem seiner gefälschten Pässe und in Begleitung einer Frau, die ihm übrigens für vermeintliche Geschäftsreisen ihren Maserati zur Verfügung stellt, auf sechswöchiger Luxuskreuzfahrt. Weder ist er Arzt noch Mieter eines Penthouses in São Paulo, vom Strandanwesen auf Florianópolis ganz zu schweigen. Die Baufirma hat es nie gegeben.

Dass er Portugiesisch kann, ist wahr. Die sieben Jahre, die er in São Paulo wegen Betrugs abgesessen hat, gaben ihm reichlich Zeit, die Landessprache zu erlernen.

Nach einer schlaflosen Nacht, in der Wut und Scham miteinander ringen, beschließen Sie, ihn anzuzeigen. Peinlich, ja. Aber bevor das Schwein weiterhin sein Unwesen treibt, sitzen Sie lieber als die Idiotin, die Sie sind, im Zeugenstand.

# Der Feigling

*Wer selbst nichts zuwege bringt,
kann immer noch andere beraten.*
Horst-Eberhard Richter

**FALLE**
Er verbreitet Harmonie.

**HIMMEL**
Ein Notfall führte Sie ins Glück. Sie steckten in der Mitte eines halbseitigen Artikels, als Ihr Computer fünfunddreißig Minuten vor Redaktionsschluss abstürzte. Neustart, beten, fluchen – nichts erweckte den toten Bildschirm. Das EDV-Helpdesk ist sonntags unbesetzt, die Kollegen im Schreibstress, ein Anruf bei der Wochenend-Hotline sinnlos. Um den Fehler zu beseitigen, müsste sich der Techniker in Ihren PC einloggen, was bei einem Gerät, das nicht einmal startet, schwer möglich ist.

Als Sie, fieberhaft nach einer Lösung suchend, Ihren Daumennagel fertig abgebissen haben, kommt die rettende Idee. Der Neue! Abgesehen davon, dass der Bursche, der vergangene Woche im Helpdesk-Team angefangen hat, sympathisch wirkte, läuft sein Probemonat. In dieser Zeit sind die ansonsten arroganten Herren recht hilfsbereit. Sie schnappen die Telefonliste, finden den fremden Namen und wählen seine Handynummer.

Er hebt sofort ab. Sie schildern das Problem. Bevor Sie sich für die Unverschämtheit, Sonntagabend zu stören, entschuldigen und Phase zwei, Tränen, einleiten müssen, sagt er, er komme in fünf Minuten, er wohne gleich ums Eck. Eine Viertelstunde später funktioniert Ihr PC. Sogar den im Zuge des Absturzes verschollenen Text zaubert er herbei. Sie schreiben wie der Teufel, während Ihr Retter für den Fall einer weiteren Komplikation im Büro verharrt, und schaffen haarscharf den Redaktionsschluss.

Ein Dankesbier muss sein. Die Combo in der Eckkneipe spielt ausnahmsweise leise, der Stress ebbt ab, und zwei Getränke später erfahren Sie, dass er fest angestellt ist. Worauf Sie Ihr kaltes Probezeitkalkül beichten. Wie ihn das amüsiert. Helfen ist sein Job. Dienstzeiten sieht er locker. Und, vor allem, wie sonst wäre er mit Ihnen hier gelandet. So kurz Sie die Pflichtübung halten wollten, so erfreulich gerät das Beisammensein. Die Stunden fliegen, während Sie staunen, wie viel Sie erzählen. Der Mann gehört ins Märchen. Herzlich, einfühlsam, sanft. Freilich fallen derlei Qualitäten nach dem Horrorjahr an der Seite eines Machos auf fruchtbaren Boden. Als Sie um drei Uhr morgens aufbrechen, wünschten Sie, Sie könnten sich verlieben. Vielleicht kann er warten. Vielleicht gibt er Ihnen die Zeit, die Sie brauchen, Ihre Wunden zu heilen.

Um den Wunderknaben warmzuhalten, treffen Sie ihn zwei- bis dreimal wöchentlich. Eines Nachmittags, man sitzt in der noch leeren Kneipe, läutet sein Handy. Unmöglich, krächzt er, so leid es ihm tue, eine schwere Grippe fessle ihn ans Bett. Befremdet ziehen Sie die Augenbrauen hoch. Ein alter Freund, erklärt er, der dieser Tage essen gehen wollte. Um ihn nicht zu verletzen, griff er zur Notlüge. Er möchte dem Armen, der ihm seit zwei Jahren dreitausend Euro schuldet, ersparen, das peinliche Thema anschneiden zu müssen.

Hut ab. Lektion zwei in Sachen Rücksicht folgt, als Sie von seinem Essen kosten und fragen, wieso er die versalzene Hühnerbrust nicht beanstandet. Weil die Kellnerin keine

Schuld trägt. Es wäre unfair, sie durch eine Kritik zu demütigen, die dem Koch gebührt. Sie betrachten das junge Mädchen, das mit schwer beladenen Tabletts von Tisch zu Tisch hetzt, und nehmen sich vor, den Menschen in diesem harten Job künftig mehr Respekt entgegenzubringen.

Zwei Monate später ist der Sanfte Ihr Geliebter. Im Gegensatz zur Redaktion, wo Sie das Verhältnis einvernehmlich geheim halten, weiß Ihre Freundin längst Bescheid und brennt darauf, den Mann, der Sie wieder strahlen lässt, kennenzulernen. Leider stürmt, bevor sie das Lokal betritt, der fünfjährige Sohn an Ihren Tisch. Hätte sie das antiautoritär erzogene Goldstück nicht in Papas Obhut lassen können? Der Fratz wird brüllen, spucken, Gäste bequatschen. Weshalb Sie mit Ihrer Freundin auch an diesem Abend aneinanderkrachen. Statt des üblichen Zerwürfnisses, gefolgt von mehrwöchiger Funkstille, endet die Szene friedlich. Ihrem Freund ist es gelungen, den Streit zu schlichten.

Bei aller Dankbarkeit für das harmonische Finale befremdet sein Ansinnen, Sie hätten sich entschuldigen sollen. Wegen Lappalien setze man keine Freundschaft aufs Spiel. Sie lösen sich aus seiner Umarmung, schießen hoch und verpassen der Bettdecke einen Faustschlag. Wie bitte? Entschuldigen? Dafür, dass der Bengel mit dem Löffel ins Kartoffelpüree drischt, bis das Tischtuch Länge mal Breite kackgelb bekleckert ist? Wer recht hat, erfahren Sie, sollte die Größe besitzen, für Kritik um Verzeihung zu bitten. Was eines Tages der andere, seinen Irrtum erkennend, hoch honorieren wird.

Angesichts Ihrer Skepsis erzählt der Edle von seinem tyrannischen Vater. Ein Trinker, der Frau und Kinder nahezu täglich verprügelte. Mit Fäusten, Gürteln, Kleiderbügeln. Bei schweren Vergehen folgte den Torturen Stubenarrest. In diesen Stunden, alleine im finsteren Keller, während oben der Irre tobte, schwor sich der Bub, niemals einen Menschen anzuschreien, zu beschimpfen oder zu schlagen. Später, neben dem Informatikstudium, verschlang er psychologische Literatur, um den Weg in ein friedliches Leben zu finden und, da die Eltern nicht als Vorbild taugten, das Funktionieren gesunder Mann-Frau-Beziehungen zu ergründen.

Wie man bei der höllischen Kindheit, statt in Drogen zu versumpfen, heilen und sich zu einem vorbildhaften Menschen entwickeln kann, ist unbegreiflich. Der Friede, registrieren Sie kurz vor dem Einschlafen, strahlt auf Sie aus. Nachdem Sie seit Wochen nicht an Ihren Nägeln kauen, sind nun auch Magenschmerzen und nervöses Augenzucken verschwunden. Das Horrorjahr verblasst. Als hätte eine andere es gelebt. Sie sind im Hafen der Harmonie eingelaufen. Halleluja.

### HÖLLE

Die erste gemeinsame Reise fällt ins Wasser. Statt drei Tage in der Therme abzutauchen, muss Ihr Freund kurzfristig für einen Kollegen einspringen. Sie vermuten eine Katastrophe. Doch ist es kein Herzinfarkt, weder Schlaganfall noch Knochenbruch, der den Dienst am Helpdesk vereitelt. Die in Deutschland lebende Schwester kommt überraschend zu Besuch. Na und. Entweder koordiniert sie ihre Stippvisite mit Bruders Arbeitszeiten oder sie hat Pech gehabt. Das verstehen Sie nicht, Sie Einzelkind, erklärt der Gute milde lächelnd. Die beiden hängen innigst aneinander, gerne verhilft er ihnen zu diesem bisschen gemeinsamer Zeit.

Was Sie sehr wohl verstehen, ist der Spitzname, den er sich in der Redaktion eingefangen hat: Mutter Teresa. Wie hatten Sie den Kollegen gezürnt, Zyniker allesamt, denen ein Schuss Hilfsbereitschaft nicht schaden könnte. Doch arbeitet er wahrlich konsequent an seinem Aufstieg zum Trottel vom Dienst. Da er den Samaritereinsatz keinesfalls verpassen will, verschieben Sie Ihren Kurzurlaub um eine Woche.

Während Sie in die Hotelgarage fahren, steuert er, um zeitsparend einzuchecken, die Rezeption an. Statt eines Schlüssels überbringt er die Nachricht, das Zimmer sei nicht fertig. Bevor er zum Vortrag über das Arbeitsleid überlasteter Zimmermädchen ansetzen kann, verlangen Sie nach dem Manager. Siehe da, ein kurzes Gespräch, schon erhalten Sie zwei Keycards samt Massageplan. Als er im Ruheraum angesichts der zwanzig mit Badetüchern markierten menschenleeren Liegebetten meint, man könne ja auf dem Boden entspannen, reißt Ihre Geduld. Sie pfeffern sich auf ein Bett und schließen die Augen. Nicht dass Sie Ihren Macho-Ex vermissen, Gott behüte. Nur: Eine Memme war er nicht.

Der letzte Rest von Respekt verpufft an der Kasse des Supermarktes, den Sie am Nachmittag der Heimkehr aufsuchen. Er hat versäumt, sein Obst zu wiegen, worauf die an Nase, Lippen und Ohren gepiercte junge Dame, Augen verdrehend, eine Kollegin herbeibrüllt und per »Der da hat seine Bananen nicht abgewogen« die Tüte übergibt. Die anwachsende Warteschlange veranlasst ihn, sich allseits zu entschuldigen und, man fasst es nicht, der rotzfrechen Kassiererin beim Abgang einen schönen Abend zu wünschen.

Die Einladung des Freundes, der vermutlich seine Schulden tilgen will, erweckt Ihre Neugierde. Statt die fälligen 3000 Euro auf den Tisch zu legen, bittet er nach dem Dessert um weitere 500. Der Trottel zückt sein Portemonnaie. Beinahe hätten Sie gedacht, der Edelmut-Experte habe recht, Gutes gebäre à la longue Gutes. Einen Dreck. Hier sitzt ein Feigling, Opfer einer Überdosis Waschlappenliteratur.

Längst hat Ihre Verachtung das Bett infiziert. Langweilige Zärtlichkeiten. Nachts werden Sie von testosterongeschwängerten Träumen heimgesucht. Männern mit Dreitagebärten, die sich harten Auges nehmen, was sie wollen. Wo ist der geile Sex, der den Zerwürfnissen mit Macho folgte. Sie inszenieren einen Streit. Am Morgen nach dem Drama steht im Büro ein Blumenstrauß, auf der Karte prangt ein deprimiertes Hündchen, das in die Sprechblase »S-s-sorry« stottert.

Ihre Freundin, fassungslos, wie kann man sich von diesem Traumtypen trennen wollen, veranstaltet ein Abendessen. Der Streit entbrennt, als Söhnchen Spinat auf Ihr cremefarbenes Kleid spuckt. Statt der traditionellen Funkstille läutet anderntags das Telefon. Sie verzeiht Ihre Intoleranz. Die in Wahrheit Schmerz ausdrückt, den Schmerz der Kinderlosen. Ihr Verdacht bestätigt sich. Ja, er habe angerufen, Gott sei Dank, denn jetzt versteht sie. Sie verstehen, dass Sie mit der Flasche nichts mehr zu tun haben wollen, und wählen zum letzten Mal die Helpdesk-Nummer.

# Der Naturbursche

*Signora Versace, verspüren Sie manchmal
den Wunsch nach »Weniger ist mehr«?
– Nein. Weniger ist weniger. Mehr ist mehr.*
Donatella Versace

## FALLE
Er geht den wahren Weg.

## HIMMEL
Siehe da, es stimmt. Das Schicksal ist gerecht. Wer sich von enttäuschter Liebe nicht niederschmettern lässt und wacker weiterwandert, dem wird nach ein paar tristen Lebenskilometern ein Glück zuteil, das das verlorene hell überstrahlt. Die Erkenntnis kommt in der Sekunde, da Sie den gedeckten Tisch im Weingarten sehen, die flackernden Fackeln rundum. Daneben er. Aus einem antiken Grammophon tönt Mozart. Sie wähnen sich in »Jenseits von Afrika«. Besser noch. Statt des Busch-Zeltes erwartet Sie ein Bett im nahen Knusperhäuschen, und kein Löwe wird es wagen, Ihrer beider erste Liebesnacht zu stören.

Fünf Monate zuvor, im Dezember, war Ihnen die mysteriöse Hütte aufgefallen. Dank einer bitteren Trennung hatten Sie sich angewöhnt, die leeren Sonntage mit Spaziergängen durch die Weinberge am Rande der Stadt zu füllen. Während die alten Hüterhäuser, unbewohnt und ungenutzt, zusehends verfielen, schien dieses belebt. Die weißen Mauern frisch gestrichen, das Holzdach restauriert, aus den winzigen Fenstern drang Licht. Einmal hörten Sie einen Hund bellen. Dann wieder klassische Musik. Wer hier wohnte, blieb ein Rätsel.

Am zweiten Sonntag im April sahen Sie ihn. Fenster und Tür standen offen, auf der Holzbank vor dem Häuschen saß ein Mann. Neugierig, angesichts des riesigen Köters zu seinen Füßen ein wenig zögerlich, stapften Sie bergan. Er tätschelte den Kopf seines mittlerweile bellenden Hundes und lächelte Ihnen entgegen. Sie bräuchten keine Angst zu haben, er und Jara freuten sich über Besuch. Sie hatten keine Angst und nahmen die Einladung zu einem Glas Tee an.

Ihr Verdacht, Sie seien auf einen durchgeknallten Aussteiger gestoßen, der sich samt seiner Lebensunfähigkeit in der Pampa verkriecht, war falsch. Vielmehr hat dieser Mann geschafft, wovon wir alle phantasieren: Die scheinbar konträren Bedürfnisse nach Sicherheit und Freiheit zu vereinen. Im zivilisierten Leben unterrichtet er Sport an einem städtischen Gymnasium. Ansonsten braucht er nichts als Sonne, Luft und Wind. Weshalb er vor fünf Jahren die Chance nutzte, das verfallende Hüterhaus zu pachten, wo er fernab von Kneipen, Kinos und Autolärm seinen Traum vom Leben im Einklang mit der Natur verwirklicht.

Sie bewundern den heiteren Frieden, den Ihr Gastgeber ausstrahlt. Zum ersten Mal seit Monaten kommen Sie zur Ruhe. Der Tee schmeckt süß, die nachmittägliche Aprilsonne streichelt Ihr Gesicht, und dass der Kerl phantastisch aussieht, groß, athletisch, jungenhaft maskulin, ist auch kein Fehler. Beim Abschied, es dämmert schon, versprechen Sie, den Sonntag drauf wiederzukommen.

Die Woche zieht sich. Wacker widerstehen Sie der Versuchung, zu einer spontanen Visite in Richtung Knusperhäuschen aufzubrechen. Endlich Sonntag. Ihr neuer Freund erwartet Sie mit einem Imbiss. Während Sie genüsslich mampfen und spüren, wie die Wunden des

Winters zu heilen beginnen, erzählt er von seiner Liebe zur Natur. So gerne er Chopin, Mozart und Brahms hört, am schönsten musiziert der Wind. Sein Wecker ist der Gesang der Amseln, sein Teppich die Erde, die Sonne seine Uhr. Und Jara, lacht er, meine Lebensgefährtin. Sie verschlucken sich. Als Sie hustend den Riesenmischling mustern und überlegen, ob der Typ zoophil oder bloß schwul ist, legt er die Hand an Ihre Wange, dreht Ihr Gesicht zu sich und blickt in Ihre Augen. Er sei normal, versichert der Gedankenleser, nur gehe er keine Kompromisse ein.

Die sonntäglichen Besuche werden zum Highlight Ihrer Woche. Sogar Jara hat Sie ins Herz geschlossen. Was sie bedauerlicherweise vermittelt, indem sie sich zur Begrüßung auf die Hinterbeine hievt und die Vorderpfoten auf Ihren Schultern deponiert. Sie lernen, die faustgroßen Dreckflecken als poppige Applikation zu betrachten.

Ende Mai bittet er Sie, mit Einbruch der Dunkelheit zu kommen, er plane eine Überraschung. Sie sehen den gedeckten Tisch, die Fackeln, das Grammophon, und sinken überwältigt auf den Stuhl. Dass Gemüseauflauf weder zu Ihren Lieblingsspeisen zählt noch ins wildromantische Ambiente passt, ist egal. Hier punkten der Mond, die Sterne und die Liebe in den Augen dieses einzigartigen Mannes.

Als Sie zu Vogelgezwitscher erwachen, durchdringt ein herber, seltsam vertrauter Geruch den Duft frisch gekochten Kaffees. Sie rappeln sich hoch. Lustig, auf einer Matratze haben Sie zuletzt als Teenager geschlafen. Wobei die Lagerstatt im Landschulheim deutlich komfortabler war. Oder ist es das Alter, das Ihre Knochen knurren lässt.

Entschlossen, die Rückenschmerzen geheim zu halten, trippeln Sie in Richtung Lover, der, über einen Holzbottich gebeugt, in der Bad-Küche-Kombinische werkt. Das Waschbrett, die Körperhaltung, Kernseife! Sie sehen Ihre Oma. Standhaft ignorierte sie die Waschmaschine, dieses neumodische Ding, das die Familie ihr aufgedrängt hatte, blieb der altbewährten Methode bis zum letzten Atemzug treu.

Er umarmt Sie und beantwortet Ihren belämmerten Blick mit einer aufschlussreichen Lektion. Kernseife, erfahren Sie, ist unparfümiert, zu hundert Prozent biologisch abbaubar und selbst für Allergiker geeignet. Bevor Sie fragen können, welche Allergien ihn plagen, preist er, ein weißes T-Shirt schrubbend, die Reinigungskraft des Produktes, das hartnäckigste Verschmutzungen sogar in kaltem Wasser löst. Toll. Aber wie überleben zarte Stoffe, Viskose, Satin, von Farben ganz zu schweigen, die Brachialbehandlung? Solches Zeug, Sie Dummchen, kauft man nicht. Naturtextilien heißt das Zauberwort. Seine Hosen, Shirts und Pullis sind aus kbA-Baumwolle, aus kontrolliert biologischem Anbau und, ganz wichtig, chlorfrei gebleicht. Bei Hemden bevorzugt er Baumwoll-Hanf-Gemische.

Dass er, als Sie die Duschtasse besteigen, seinen Kernseifenriegel offeriert, kommt doch überraschend. Sie sind kein ölverschmiertes T-Shirt. Es folgt ein Referat über die Tücken übertriebenen Sauberkeitswahns. Parfümierte Seifen, Duschgels, Badesalze, allesamt synthetisch hergestellt, attackieren die Schutzschicht der Haut, was auf Dauer zur Zerstörung des Fett- und Säuremantels führt. Sie betasten Ihren nackten Körper, der, so stellen Sie erleichtert fest, Schaumbad- wie Peelingorgien offenbar unbeschadet überstanden hat. Sie duschen mit Kernseife und beschließen, Kosmetika künftig kritisch auf Inhaltsstoffe zu prüfen. Die Frage nach Deodorant hat sich erübrigt.

Als die Sommerferien nahen, äußert er den Wunsch nach gemeinsamem Urlaub. Ihre spontane Vision, Sie beide verliebt in einem kleinen, feinen Hotel in Spanien, Italien oder Griechenland, erstirbt im Ansatz. Er möchte durch Kanada trampen. Dort, inmitten unendlicher Weiten, kaum besiedelter Waldgebiete, unverfälschter Natur, will er eines Tages leben. Sie sind auserkoren, sein Traumland mit ihm zu erkunden.

Überlebenstraining samt der Option, von einem Grizzly gefressen zu werden, kommt nicht in Frage. Doch beherrscht, wer liebt, die Kunst des Kompromisses. Man einigt sich auf Camping an einem heimischen Bergsee. Wo wildes Zelten gottlob verboten ist, sodass Sie in den Genuss der sanitär wie gastronomisch erstklassigen Infrastruktur des Campingplatzes kommen werden.

Mittlerweile verbringen Sie Ihre Wochenenden in der sommerlichen Weingartenidylle. Sie genießen die Natur, das langsame Fließen der Stunden, den schlichten Alltag in der Welt Ihres Lovers. Sie haben einen Zweitwohnsitz auf dem Land. Ihr Leben ist perfekt.

## HÖLLE

Die Zeit ist reif, ihm Ihre Welt zu zeigen. Sie haben den Kühlschrank befüllt, die Wohnung geputzt, das Bett frisch überzogen. Voller Freude auf das gemeinsame Wochenende in der Stadt spazieren Sie Freitagnachmittag Richtung Café, den Liebsten zu treffen. Seine Verspätung stört nicht, im Gegenteil, vom schattigen Plätzchen werden Sie den Moment auskosten, da der attraktive junge Mann den Garten betritt, nach Ihnen sucht und lächelnd auf Sie zugeht.

Er trägt grasgrüne Shorts und ein vermutlich weißes T-Shirt, an dem die Kernseife spurlos vorübergegangen sein dürfte. Die Füße stecken in Trekkingsandalen. Zwecks Eleganz hat er Socken angelegt. In seiner Rechten hält er eine Hundeleine, an deren Ende Jara bellt, links einen Juterucksack. Das Candlelight-Dinner ist storniert. In diesem Aufzug kommt er Ihnen nicht in Ihr Lieblingsrestaurant.

Den Mann kann man, hoffentlich unbeobachtet, nach Hause schleusen. Zumindest ist er stubenrein. Und dann auch noch Jara. Nie im Leben wären Sie auf die Idee gekommen, dass er das kalbgroße Vieh anschleppen könnte. Der Gedanke an Ihre Perserteppiche treibt Ihnen kalten Schweiß auf die Stirn. Keine Sorge, lacht der Lover. Ein Schüsselchen mit Wasser, ein Futternapf, dazu die Anweisung »Platz!«, und die Gute wird sich nicht vom Fleck bewegen. Pipi wie Kacki kündigt sie durch spezielles Winseln rechtzeitig an.

Skeptisch öffnen Sie die Wohnungstüre. Derweil der Liebste à la Crocodile Dundee angewurzelt im Flur steht, ist Jara, weniger verklemmt, durch die gesamte Wohnung gefetzt. Sie muss sich orientieren in der fremden Umgebung, dann wird sie das ihr zugewiesene Plätzchen beziehen. Schweren Herzens greifen Sie nach zwei Keramikschüsseln, füllen eine mit Wasser, während Dundee, der sich aus seiner Starre lösen konnte und Ihnen in die Küche gefolgt ist, aus dem Jutebeutel Trockenfutter zaubert. Ihr Geschirr als Hundenapf, pfui Teufel. Aber Hauptsache, der Köter ist unter Kontrolle.

Zum Klang der schlabbernden und schmatzenden Jara beginnen Sie, Spaghetti zu kochen. Den scheußlichen Geruch des Futters, oder stinkt der Hund persönlich, übertünchen Sie mit einer Überdosis Knoblauch. Um das Geschehen im Auge zu behalten, servieren Sie das Essen in der Küche. Während der Besucher genüsslich eine Riesenportion vertilgt, hält sich Ihr Appetit in Grenzen. Die Differenz machen Sie mit Rotwein wett. Am Ende des hastig improvisierten Abendmahles sind Sie versöhnt. Mit Jara, die friedlich schläft. Mit dem Mann, der Sie begehrlich ansieht. Mit sich selbst, die ihr Entsetzen verbergen konnte.

Ein Albtraum weckt Sie. Sie liegen rücklings im Wald, versuchen verzweifelt, Ihre schmerzenden Beine zu bewegen. Schreien um Hilfe. Niemand hört Sie. Keiner kommt, um Sie von dem schweren Baumstamm zu befreien. Sie schnellen aus den Kissen hoch, und jetzt schreien Sie wirklich. Jara liegt im Bett. Der Trottel, statt seinen dreckigen Köter zu verjagen, lächelt. Jara hat Sie als Familienmitglied akzeptiert. Ihre Antwort erfolgt per Fußtritt, worauf das Vieh es sich auf dem weißen Bettvorleger gemütlich macht und der Mann Sie verständnislos anstarrt. Hart am hysterischen Anfall erklären Sie, dass ein Hund, der Tag und Nacht in Weingartenerde rotiert, nichts im Bett verloren hat. Geduldig erläutert er, dass Tiere, da sie sich selbst penibel putzen, weit reinlicher als Menschen sind.

Das Wochenende ist beendet. Sie schleifen Herr und Hund in die Küche, servieren wortlos ein schnelles Frühstück und teilen mit, dass Sie aufgrund heftiger Kopfschmerzen Ruhe benötigen. Als die beiden Richtung

Pampa abziehen, stürzen Sie sich in die Reinigung von Bettwäsche, Teppichen und Küchenboden.

Schnell verpufft die Wut. Er ist ein Naturbursche, und er liebt seinen Hund. Weder muss er Anzüge tragen, noch soll Jara einsam sein. Statt das Duo in die Großstadt zu verpflanzen, wollen Sie sich glücklich schätzen, in der Wunderwelt des Weingartens willkommen zu sein. Wonnig sehen Sie den kommenden Wochenenden und dem nahen Urlaub entgegen.

Der Campingplatz liegt an einem atemberaubend schönen See. Sie haben nie im Zelt geschlafen und freuen sich, ein Stück verpasster Jugend nachzuholen. Dass der fruchtlose Versuch, Heringe in die Erde zu rammen, drei sorgsam manikürte Fingernägel kostet, macht nichts. Schließlich steht das schmucke Zelt, Ihr Freund begibt sich an den Gaskocher, um das Abendessen zuzubereiten. Chilibohnen aus der Dose, perfekt nach einem anstrengenden Tag. Leider ist die Kartusche leer. Kein Problem, ums Eck liegt »Peter's Kneipe«. Wo heute Abend nebst warmen Speisen »Edi und die Schuasterbuabn« locken. Weder die grauenhafte Volksmusik noch die fetttriefenden Schnitzel schaffen es, Ihnen die Urlaubslaune zu verderben.

Weniger tolerabel finden Sie die morgendliche Warteschlange vor dem Duschraum. Als Sie an die Reihe kommen, stehen Sie in einer Brühe aus Seifenschaum, Haaren und zwei Slipeinlagen. Ihren Freund zu warnen, war überflüssig. Er wäscht sich im See. Bei Schönwetter, wohlgemerkt. Da es an den folgenden Tagen regnet, entfällt dieser Programmpunkt. Er verdreckt zusehends. Stinkt und fühlt sich pudelwohl. Die Stechmücken, die uns nachts im Zelt Gesellschaft leisten, sind Lebewesen wie wir. Das besoffene Gegröle der Nachbarn gehört zum Ambiente. Wie die grausame Lifemusik aus »Peter's Kneipe«, die allabendlich den Campingplatz beschallt. Wer wollte da nicht nach Kanada?

Jenseits von Afrika. Als Sie nach der fünften schlaflosen Nacht im Morgengrauen aus dem muffigen Zelt flüchten und barfuß in eine Glasscherbe treten, sehen Sie in der Ausfahrt ein voll bepacktes Auto mit dem Kennzeichen Ihrer Stadt. Sie winken, rufen, rasen hin, pfeifen auf Schuhe, Mann und sonstige Habseligkeiten und flehen das Ehepaar an, Sie mitzunehmen.

# Der Lügner

*Die Lüge tötet die Liebe.*
*Aber die Aufrichtigkeit tötet sie erst recht.*
Ernest Hemingway

### FALLE
Er schuftet für die Familie.

### HIMMEL
Sie wollten auf keinen Fall weinen. Allein wegen der Wimperntusche. Als vom Donauufer die ersten Salutschüsse in den Himmel steigen, ist Ihre Disziplin dahin. Sie lassen die Tränen fließen und auf Ihr Brautkleid tropfen. Wie viele Hochzeitsschiffe hat das kleine Mädchen, das die Sommerferien in dem verträumten Dorf in der Wachau verbrachte, kommen sehen. Genau so würde eines Tages sie, wenn sie erst groß ist, heiraten.

Die Realität bescherte eine nüchterne Standesamtzeremonie samt bitterböser Scheidung. Ihr Jungmädchentraum verkam zur kindischen Erinnerung an eine Zeit, als die Welt heil war. Bis Sie Ihren zweiten Mann trafen. Der Ihnen die Glückstränen vom Gesicht tupft, während das Schiff anlegt. Die freudige Unruhe, die Ihrer beider Familien und Freunde erfasst, überträgt sich auf das Baby. Als wollte es heute Abend mittanzen, so heftig strampelt es in Ihrem Bauch.

Gegen Ende der Hochzeitsfeier in dem 350 Jahre alten Hotel, das die Zeit seit Ihren Kindertagen nahezu unverändert überdauert hat, steuert Sie, sichtlich beschwipst, der Jugendfreund des Bräutigams an. Sie staunen, als der ansonsten Reservierte neben Ihnen Platz nimmt, Ihre Hand ergreift und zu einer hastig geflüsterten Rede ansetzt. Er hatte die Hoffnung aufgegeben, dass der alte Casanova doch noch zur Ruhe kommt. Das unstete Leben, von einer Frau zur nächsten, machte ihn nicht glücklich, egal wie standhaft er das Gegenteil behauptete. In Wahrheit sehnte er sich zutiefst danach, eine Familie zu gründen, zu wissen, wohin er gehört. Dass er diesen Freudentag erleben darf, sagt der mittlerweile zu Tränen Gerührte, wird er Ihnen ewig danken. Bevor Sie Worte finden, ist er nach einer linkischen Umarmung von dannen gewankt.

Zwei Monate nach Lisas Geburt arbeiten Sie wieder. Als Werbegrafikerin können Sie Projekte großteils zu Hause am Computer abwickeln, zumal Ihr Mann abends die Kinderbetreuung übernimmt und kocht. Drei Jahre später, Sie haben gerade einen Sohn zur Welt gebracht, macht er sich selbstständig. Während der Steuerberater frühmorgens voller Elan zu seinem neuen Innenstadtbüro aufbricht, um die Kanzlei in Schwung zu bringen, ertrinken Sie im Haushalt. Die Zeit der Pflichtenteilung ist vorbei, an grafische Heimarbeit nicht mehr zu denken. Die Bitte, er möge abends früher Schluss machen, um Ihnen zwei Stunden Ruhe zu verschaffen, bringen Sie nicht über die Lippen, so blass und erschöpft sieht er aus, wenn er gegen Mitternacht die Wohnung betritt. Schließlich schuftet er für die Familie.

Während Ihre Dauermüdigkeit lästig, jedoch logisch ist, machen Sie sich allmählich Sorgen um Ihren Mann. Er, der früher wie ein sattes Baby schlief, rollt nachts unruhig von Seite zu Seite, schreckt hoch und murmelt wirr. Rätselhaft auch der dramatische Gewichtsverlust, wo er doch mittags wie abends mit Klienten isst. Letztlich verändert die berufliche Überlastung sein Wesen. Er ist gereizt, bisweilen aggressiv, faucht Sie und die Kinder grundlos an.

Eines Abends, Sie besuchen ihn überraschend im Büro, zuckt er beim Klingeln erschrocken zusammen, rast zur Türe und wirkt immens erleichtert, als er den Eilkurier sieht. Auf Ihre Frage, ob er ein Killerkommando erwartet habe, lacht er gequält. Meine Güte, der Arme ist mit den Nerven am Ende. Wenn nicht depressiv. Mehr als der entrückte Blick, wie er Sie ansieht, ohne Sie zu sehen, beunruhigt sein neuer Musikgeschmack. Während er den iPod früher mit einem flotten Mix aus Klassik und Pop bespielte, hört er nun ausschließlich Fado. Wobei es nicht lange her ist, dass er Ihre vergleichsweise fidelen mexikanischen Folklore-CDs als depressives Gejaule bezeichnete.

Sie haben Lisa vom Kindergarten geholt, auf dem Rücksitz schläft das Baby, und stecken den Schlüssel ins Zündschloss, als Ihr Handy läutet. Am Apparat ein Fremder. Ob Sie wüssten, fragt der deutlich Angetrunkene, dass Ihr Mann ein Verhältnis mit seiner Freundin hat. Die Nachbarin. Sie wohnt im Haus vis-à-vis der Kanzlei. Dass sie täglich miteinander reden, von Fenster zu Fenster, über die enge Gasse, weiß er schon lange. Das hat er geschluckt. Aber jetzt. Sie streitet alles ab, sinnlos, er hat sich auf die Lauer gelegt. Sie lügt. Sie besucht ihn, er besucht sie.

Sie möchten erbrechen. Stattdessen schneiden Sie dem Fremden das Wort ab. Sie hören sich diesen Unsinn nicht länger an, er möge sich an Ihren Mann wenden und Sie in Frieden lassen. Bevor Sie auflegen, meint er, mit einem Mal bedrohlich ruhig und nüchtern, Sie sollten sich Ihres Gatten SMS-Ordner ansehen, dann würden Sie ihm glauben.

Sie bringen die Kinder zu einer Freundin und fahren ins Büro. Ihr Mann, blass und wütend, wollte Sie soeben anrufen. Der Verrückte hat auch ihn belästigt. Ja, klar wechselt er hier und da ein paar Worte mit der Frau dort drüben, wenn man zufällig gleichzeitig lüftet, aus reiner Höflichkeit. Die ist ganz nett. Leider hat sie einen paranoiden Freund, der ihr permanent Verhältnisse unterstellt. Trotz der aufrichtigen Entrüstung Ihres Mannes und der Angst vor Beweisen ersuchen Sie ihn, sein Telefon zu zeigen. Das er kopfschüttelnd aushändigt. Die SMS-Ordner, Eingang wie Ausgang, sind leer.

Dass er vorsichtiger ist? Im Gegensatz zu seiner Geliebten die verräterischen Textnachrichten löscht? Sie schauen ihm in die Augen. So stark und klar und rein ist sein Blick, dass Sie sich schämen, dem Fremden beinahe geglaubt zu haben. Für heute macht er Feierabend, um den Rest des Tages mit der Familie zu verbringen.

Nach zwei Wochen, in denen Sie einander vorsichtig umkreisen, ist die Nachbarin samt verrücktem Freund vergessen. Zumal Ihr Mann zu seinem alten Selbst findet. Statt um Mitternacht erschöpft nach Hause zu kriechen, erscheint er, frisch geduscht und gut gelaunt, zum Abendessen. Nie hat er so häufig Blumen mitgebracht. Sexuell erleben Sie beide eine Renaissance. Während Sie sich in den letzten Jahren meist nur zu einem schlappen Gutenachtkuss aufrafften, ist im Bett der zweite Frühling ausgebrochen. So gierig und erfinderisch war nicht einmal der frisch Verliebte. Erfreut registrieren Sie das Interesse an Ihren eintönigen Tagen. Er fragt, wo Sie einkaufen, wer wie lange babysittet, ob und wenn ja wann Sie ihn im Büro besuchen möchten.

Die Monate rasen, plötzlich stehen Sie vor einem herrlich neuen Lebensabschnitt. Lisa kommt in die Schule, Ihr dreijähriger Sohn in den Kindergarten, und Sie starten beruflich neu durch. In der Kanzlei Ihres Mannes werden Sie in einem hellen Raum Ihr Büro einrichten. Zwei wunderbare Kinder, ein Traum von einem Ehemann, ein spannender Job. Glücklicher kann man nicht sein.

## HÖLLE

An einem Montagmorgen im Oktober beziehen Sie das Büro. Als Sie die Möbel nach Ihrem Geschmack umgestellt, sämtliche Unterlagen verstaut und den Computer angeworfen haben, öffnen Sie das Fenster. Aus der Wohnung gegenüber, deren Fenster ebenfalls offen stehen, kommt Musik. Laut und auf unangenehme Weise vertraut. Stunden später, längst sitzen Sie am Schreibtisch, fällt der Groschen. Fado. Diese schwermütigen Lieder, die Ihr Mann vor Jahren nonstop hörte.

Der Verdacht kriecht in Ihren Körper wie eine kalte Schlange. Sie beginnen, die Frau zu beobachten. Die Matinee war eine Ausnahme, wie Sie in den folgenden Wochen feststellen. Normalerweise kommt sie am späten Nachmittag nach Hause, schaltet die Lichter an und öffnet ihre Fenster. Dann beginnt sie zu packen. Die Wohnung steht voller Kisten, die sie mit Büchern, Geschirr und Kleidern füllt. Ihre Handgriffe sind flink, bisweilen hektisch. Nur wenn sie Fado-Musik auflegt, jeden Abend, verändert sie sich. Sie geht wie in Zeitlupe, betrachtet das Buch, den Teller, die Bluse, bevor sie sie behutsam in einen der Kartons legt.

Sie beobachten auch Ihren Mann. Wie kommt es, dass er täglich just in dem Moment, da drüben Licht angeht, mit seiner Arbeit fertig ist, den Computer abdreht und das Büro verlässt. Als Sie ihn fragen, ob die Frau auszieht, brütet er dermaßen konzentriert über einer Akte, dass er nichts hört. Sie wiederholen Ihre Frage. Wer? Ach so, ja. Ja, die heiratet, hat sie irgendwann erzählt, und übersiedelt aufs Land oder so. So genau hat er sich das nicht gemerkt.

Sie denken an die Zeit vor Ihrer Hochzeit. Die Singlewohnung aufzulösen war ein Festakt. Sie tanzten von Kiste zu Kiste, jeder volle Karton brachte Sie Ihrem neuen Leben einen Schritt näher. Die Frau dort drüben wirkt wie in Trauer. So entschlossen sie packt, so zügig die Arbeit vorangeht, von Freude keine Spur.

An dem Abend, als Sie sie das erste Mal auf dem Fensterbrett sitzen sehen, stirbt Ihre letzte Illusion. Vor einer Woche haben Sie begonnen, nach dem abrupten Abgang Ihres Mannes alle Lichter zu löschen und die Frau, die sich unbeobachtet wähnt, unter die Lupe zu nehmen. Sie setzt sich mit einem Glas Rotwein auf das Fensterbrett, dreht ihr Gesicht zum vermeintlich leeren Büro, und weint. Sie könnten sich vorbeten, dass sie nicht sein Typ ist. Er mag blonde, große, ein wenig mollige Frauen. Sie ist klein, schlank, mit langem schwarzem Haar. Sinnlos. Der Schmerz, den Sie jeden Abend sehen, sagt Ihnen, was Sie nicht wissen wollten.

Der Fremde, der damals verzweifelt anrief, war nicht paranoid, nur weniger naiv als Sie. Die langen Arbeitszeiten Ihres Mannes, die Schlafstörungen, der Gewichtsverlust. Wie Puzzlesteine fügen sich die Indizien zu einem Bild. Nicht stressgeplagte Nerven ließen ihn zusammenzucken, als der Kurier läutete. Er hatte Angst, dass sie vor der Türe stehen könnte. Das Duschen im Büro, die Frage nach Ihrem Tagesablauf, der frische Wind im Bett. Meine Güte, wie blind kann man sein?

Während Sie wissen, dass Sie die Kaltblütigkeit, mit der er Ihnen reinen Blickes ins Gesicht log, weder verzeihen noch vergessen können, beschließen Sie, die Affäre wortlos ad acta zu legen. Sie tragen die Verantwortung für zwei Kinder, er ist ein wunderbarer Vater und, seien Sie fair, weit besserer Ehemann als so mancher, der in Ihrem Freundeskreis sein Unwesen treibt. Ja, er hatte eine flüchtige Affäre. Aber er ließ seine Familie nicht im Stich. Und, vor allem, das alles ist so lange her. Welchen Sinn hätte es, eine längst vergessene Geschichte aufzuwärmen.

Bei aller Vernunft überkommt Sie immense Erleichterung, als in der hell erleuchteten Wohnung Möbelpacker auftauchen. Während Sie automatisch die Schreibtischlampe abdrehen, hören Sie Ihren Mann ins Badezimmer gehen. Bald erlöschen drüben die Lichter. Sie ziehen Ihren Mantel an und brechen auf, um Lisa von einem Kindergeburtstag abzuholen. Sie sind schon an der Türe, da piepst das Handy Ihres Mannes. Sie machen kehrt und wissen Bescheid. Jedes Mal das Gleiche. Sie will länger bleiben und schickt Papa, der seiner Prinzessin keine Bitte abschlagen kann, eine flehentliche SMS. Lächelnd greifen Sie nach dem Handy und öffnen die Nachricht. »Danke für die jahre voller glück. Leb wohl, mein herz, für immer deine hannah.«